金融資産を守れ！

生前から始める「えんまん相続」のすすめ

アンド・ワン
司法書士法人 行政書士法人

えんまん相続デザイナー
上木拓郎
Takuro Ueki

ビーパブリッシング

はじめに

生活の中で、「ストレス」を感じることが多かれ少なかれあるかと思いますが、こうしたストレスを抱えたときに心の支えになってくれる大切な人が皆さんにもいらっしゃると思います。

「家族」がその存在のひとつという方も多いでしょう。子どもの頃学校で友達と揉めて泣いて帰宅すればお母さんが優しく話を聴いてくれた、社会に出て仕事の人間関係で疲れても、子どもたちの寝顔に癒された、遠く離れたご両親はいつも、若い私たちの生活を気遣ってくれた…。また、兄弟姉妹で仲良く支えあってきた、という方々も多いかと思います。

そんな**「えんまん」**なご家族関係が盤石なものであってほしい、これは多くの人の願いだと思っています。

しかし、不変なものはなく、人間関係も同じです。職場なら転勤や転職があるでしょう。気心の知れた同僚とケンカをしてしまう。家族でも、子どもの成長に伴って、口を利く機会も減ってしまう。さらに、「離婚」「失職」「病気」などのマイナスなイメージを持つ、とりわけ「死」にまつわることは、円満な家族関係を大きく変える恐れがあります。

とかく、「病気」→「死」→「相続」とつながる「一大事の連鎖」は、命にかかわることやさまざまな法令に縛られたものであるにもかかわらず、できるだけ避ける傾向にあります。こうしたことは後回し、「臭いものには蓋」「死を語ることを忌み嫌う」のが一般的です。また、「病気は医者次第」「相続は難しいから」と見て見ぬふりをしたり、先送りにしたりしてしまうのかもしれません。

この令和の時代では、人々を取り巻く環境は昔と比べて劇的に変わっています。都市部に人口が集中し、故郷を離れ、親子関係や兄弟関係すら希薄になり、ましてや親戚付き合いは法事以外には会わないという人も多いのではないでしょうか。

「家族」や「親族」の在り方も選択肢が増えました。「生き方」も多様で、結婚や出産をしても女性は働くようになり、離婚も増えました。そのため、相続だけを以前のように「長男が相続」とする考え方が社会の変化に全く即していません。

昔から相続はそれぞれの家で事情が異なることではありました。今ではインターネットを通じて相続に関わる法律や相続税の節税といった情報を入手できるため「自分の家族の相続はどのケースに当てはまるのだろう」と精査しなければいけません。

本来的に、相続は家族構成や相続する資産により千差万別ですので、最初から「このとおりに進めれば終わります」という簡単なものではありません。言い換えると、相続はオーダーメイドでやらないと、必ず「争続」に発展し、円満だった家族関係が破綻します。

よく、「相続についてお話しします」というと「相続税が多額にかかる、なんとかそれを圧縮するノウハウ」と思われる方が多くいらっしゃいます。別の方は「うちは遺す財産がないから関係ない」とその時点で相続に関わる情報をシャットアウトする方も多いのが現実です。

ところが、それは相続の一面をとらえたものにすぎません。実際、相続は何もお金持ちだけのことではなく誰にでも起こります。

その結果、相続を他人事のようにふるまうご家庭は、相続にまつわる問題が起こるまで気づくことができず、家族同士が争い、結果仲の良かったご家族が離散してしまうことも少なくありません。

本書内にて説明しますが、相続が発生する、つまり被相続人が亡くなってから、相続税を納付するまではわずか10ヶ月しかありません。故人を悼む気持ちを抱え、失礼な言い方かもしれませんが、私のように相続を専門に扱ったことがない方にとっては、非常に複雑な手続きを、こうした期間に未経験の素人だけで進めるのはあまりに時間的にも精神的にも難しいと言えます。

相続税の支払いも簡単ではありません。相続税が多額になる場合や、現金化するのに時間のかかる財産がある場合など、納税に困る方もいらっしゃいますが、ご家族が遺した財産を、残された家族の間でどう配分するかで揉めることも多いのです。

まず相続が発生すると、当事者は全員、「平等≠公平」という問題を突きつけられます。実は、金銭的に平等に分けること（例えば3000万円を子3名で各1000万円ずつのように分けること）が必ずしも「公平」とならないことが多いのです。

同じ家族であっても亡くなった方との関係が全く同じことはありえません。例えば、亡くなった方（被相続人）が亡くなる前に病気で倒れ、介護を余儀なくされたとします。その方の介護をしていた方と、介護をしなかった方とで、相続の場で金銭的に平等に分けると、不平不満が出るのは当たり前です。同じ状況でも少し前向きな家族の場合は、不公平であるならば、金銭的にどのくらいの金額が妥当なのか話し合いますが、人によって感覚が異なるため、議論は平行線をたどることもあります。

一般的にいざ相続の話し合いをする際には、なんとか自分の取り分を増やそうと考えがちです。「仲のいい兄弟同士だけど、相続に関しては自己主張を強くしよう」とか「あらかじめ不動産については調べられることは調べて、兄弟を出し抜いてやろう」などと考えて話し合いを進めれば、当然衝突が起こります。相続人それぞれの想いのすれ違いや思い違いから「相続」がもめごとになるのです。

相続税への対策も相続対策においてはもちろん大切ですが、相続は「相続税」にたどり着く前に誰が必要な手続きをするのか、誰がどう遺された財産を引き継ぐのかなどの取り決めが必要で、そうした手続きを巡って争いが起こるのです。

本書では、みなさんにとって一番身近で一番大切な「ご家族が揉めないための準備」についてお話しします。ご家族が揉めないための準備が「分割の対策」と呼ばれているものです。

「相続」は亡くなった後、ご自身（被相続人）の財産や権利・義務をご家族に引き継いでもらうことをいいます。ここに財産の多寡は関係ありません。相続対策ではそれぞれのご家庭に合った対策を講じていく必要があります。本書はその「ご家族が揉めないための準備」をするために必要な「心の準備」をしていただくための本でもあります。

実際に揉めてしまった事例も多数掲載していますので、ご参考にしていただければと思います。そして「我が家の場合はどうなのかな」「自分の場合はどうなのかな」と思ったら、お気軽にお声がけください。

何しろ、日本で相続対策を本格化するのは、79歳からというデータもあります。健康寿命や平均寿命を考えても、「先延ばし」の次元を超えています。

さあ、相続はだれにでも起こるのです。対岸の火事、臭いものに蓋はもうやめて、まずは被相続人の思い、つまり遺されたものへの「愛」を、「攻めの相続」で「家族・親族の幸せ」を目指しましょう。

私は経験からそれを実現する自信を持っています。

上木拓郎

目次

［第3章］遺言書に関する解説と事例

目次

［第4章］認知症と家族信託に関する解説と事例

［第5章］相続税の計算方法と節税事例

［第6章］えんまん相続のために準備すること

第 1 章

避けては通れない相続

〝争族〟ではなく「えんまん相続」の大切さ

司法書士として相続を扱うようになり、12年が経ちます。相続の累計相談数は２５００件を超えました。スムーズに手続きだけで済む場合もありますが、そもそも専門家に相談しようと思った時点で、何らかの問題を抱えていて「もっと早く相談していただけたら…」と思うご家族が実に多いのです。この「もっと早く相談していただけたら」を減らすべく、また「えんまん相続」を日本に広めるべく、ペンを執りました。

具体的な話に入る前に、なぜ私が司法書士として「相続対策」を扱うようになったのか、その理由をお話しします。

私がこの「相続対策」を専門としたきっかけは、父方の祖父が亡くなったことで発生した相続でした。

上木家は盆暮れ正月には一族で集まるような仲の良い家族でした。

ところが、祖父が亡くなって相続が発生したことをきっかけに「争族」になってしまったのです。

その時私はまだ子どもでしたが、いとこと疎遠になりやがて会えなくなった悲しさを、今でも覚えています。

多くの人は「仲の良い家族は相続が争族になんてならない」と思っているかもしれません。そのような方はぜひ、仲の良い親戚関係を維持してほしいと思います。しかし、仲が良い親族関係を維持できなかった自身の経験から、「仲がいいからこそ、相続で争族にしてはならない」と申し上げたいと思います。

そもそも家族が仲が良く、一族仲良しだというケースにおいて、その家族の歴史を紡いでこられたのは、皆さんのご先祖のおかげです。

戦争や飢饉、このコロナ禍のような歴史的に類をみない出来事を皆さんのご先祖は乗り越え、なおかつ家族えんまんを貫いてきた結果が皆さんなのです。それを自分や親の世代で相続を争族にしてはならないのですし、仲の良いご家族は仲の良いご家族として次の世代に引き継いでいく責任があります。

そう思えば「えんまん相続」がいかに大切かわかると思います。

もし、祖父が健在のとき、今の私がそこにいて、一つ言えるとしたら「私がなんとかするから、生きているうちに本音で話しましょう」ということです。相続が起きて争族になる大きな理由はシンプルです。

「本人はもういない」からです。

本人のみぞ知る状態でいなくなれば、遺された方は、それぞれの立場で主張し争いになります。もし祖父が生きているうちに全員集まってこの話ができていたら、その場で多少のいざこざになったとしてもお互い妥協点を見出せる可能性は高いと思います。

今はこんなに仲が良いのだから、波風はたてたくない、と思うのは当然の心理だと思います。開けたらいけないパンドラの箱が相続の話だと思っている方が実に多いのです。現在、仲が良いとおっしゃるご家族であっても順風満帆に過ごしてきたわけではなかったと思うのです。それを皆さんのご家族は乗り越えてきたからこそ絆があるのではないでしょうか。

相続対策はその絆を確かめる場所でもあると思います。多少のすれ違いも生きているうちなら修正できます。

一歩誰かが踏み出してみたら、作業は大変でもお互いを思いあえて、すんなり進む場合もあります。

また、亡くなられた方が生きているうちに知っておきたかった、ということは遺産がどれくらいあるか、といった問題ばかりではないと思います。両親や祖父母が、兄妹が口にはせずとも思いをもってしてくれていたことをつい普段の生活では見逃してしまいます。そういったことも亡くなった後に知ったのなら遺された方は受け取ることしかできないのです。受けた恩は返せずとも、せめて「ありがとう」は本人に伝えたいと思いませんか？

相続は必ず起きます。

もし問題があったとしたら一人では解決できない問題ばかりです。一人でそのことと向き合うのと、家族と一緒とどちらが怖くないでしょうか。どちらが早く解決するでしょうか。それを考え行動に移していただきたいと思います。相続をきっかけに家族の絆を深めてほしい、そして命の襷リレーをしっかりとつないでほしいと願っています。

家族と一緒でも専門知識もないし不安…そんなときは私を頼ってください。相続の専門家として皆さんのお力にきっとなれると思います。

避けては通れない「相続」

相続と財産の多寡は無関係

人が亡くなったら、財産があろうとなかろうと、亡くなったことによる手続きが必要になります。それが「相続」です。世の中で「相続対策」と言われると、マスコミの影響もあって、億を超えるとてつもない金額の相続が報じられます。または、視聴者のひがみを懸念して、具体的な相続額は出さずに、一部のスポーツ紙がすっぱ抜くようなことがあり、一部の富裕層にしか関係がない、我が家は大した財産もないし、利害関係者も少なく、仲が良いから関係がないというお声も聞こえてきます。

しかし、人がお亡くなりになると、それは相続する財産の多寡を問わず、「相続」はついてきます。したがって、相続対策は誰もが必要と考えて間違いないのです。

財産を引き継ぐとき、その財産をお持ちだった方はもうこの世にはいないので、ご家族（相続人）がそれを引き継ぐときに、何がどこにどれだけあるのかがわからないと、スムーズに相続手続きが進みません。仮に財産が判明してもそれをどのように分けるのか、悩まなければなりません。

しかも、相続には期限があります。最も早い相続の期限は3ヶ月です（「相続放棄」の場合）。人が亡くなったときは、落ち着かないはずです。49日を迎えても精神的にリカバリできていない人もいることでしょう。そのような時期に、相続内容について確認する必要があります。

相続対策は家族への愛

もともと、財産や負債はプライバシーの塊のようなもので、本人以外に配偶者ですら知らないケースもあります。しかも、死亡という精神的負担が大きな時期に、手探りで複雑な相続の手続きをこなすのは並大抵のことではありません。

だから、ただ不動産や預貯金、株式などの財産を保有する（そして遺す）ことが本当の家族愛とは言えないと思います。それらを保有していれば相続人もうれしいでしょうが、よしんば債務もあるとしても、委細が記されていたりきちんと相続人になる家族へ伝えられたりしていれば、相続という観点では、それを本当の家族愛というべきではないでしょうか。

あなたがもし、「相続のトラブルを知らない」、「自分の両親はそんな目に遭ったことはない」という方であり、そして家族関係も親戚関係も円満だとすれば、それは祖父母以前のご先祖様が、良好な関係を維持するための努力をされてきたのではないでしょうか。相続に従事する立場に立ったあなたは、ただ事務的に相続手続きを行うのではなく、将来のことも、家族や親族の心を気づかう視野の広い、ロングスパンの相続をこなす胆力が必要なのです。

そのため、あなたに時間や知識がない場合や、適正に被相続人の意思を反映させることを狙っているなら、司法書士などの専門家に相談し、任せることが確実です。

相続を争族にしない！

一度壊れてしまった人間関係は、自分に近ければ近いほど何世代先までも引きずることになるのです。今ご家族の仲が良い場合も、相続の失敗によって、後の世代に憂いを残してはならないと思います。もし、家族の中に不平不満のタネがあるのなら早いうちに摘み取っておかなければなりません。親の世代が揉めたご家庭は、そのままスライドして現世代も揉めることになる可能性が高いのは想像がつくと思いますが、親子で共通認識だと思っていたことが思い込みで全く違う捉え方をしていることが原因で、仲が良かったご家庭が争族になるかもしれません。いずれにしても、どんな形でも相続対策が必要です。

実際、遺産分割で揉めて裁判所に持ち込まれた案件の約4分の3が遺産5000万円以下です。また、2015年の相続税法の改正により、相続税を計算する際に差し引くことができる基礎控除額が大幅に縮小され、相続税の課税対象者が大きく増えました。こうした背景から、金融機関や書籍なども相続を意識するものが増え、断片的な情報で「相続対策」をされることも増えていると思っています。しかし、相続対策は一部だけ見て対策することができません。単に資産がいくらあるのか、法定相続人は誰か、などがわかれば相続対策ができるわけでもありません。

「相続」については、人の数だけ思いがあります。それぞれのご家族が紡いできた歴史やご家族それぞれの思い、借金を含む、資産状況など正確な現状をすべて知ってはじめて満足のいく「えんまん相続」のスタートラインに立つことができるのです。

もし私が「この本を読んだだけでは相続の問題は解決できないでしょう」と言うと、あなたはがっかりされるかもしれません。しかし各家庭の事情もその人の事情も世帯の数だけ、人の数だけ、思いもあります。亡くなって蓋を開けてみたらどこに何があるかもわからない、これだけでも遺された人の負担は大きくなります。これを事前に家族に伝えておくのも立派な相続対策です。

相続において私が減らしたいのは「争族」です。相続の中には、少しの準備が足りなかっただけで争族になってしまうご家庭も数多くあります。本書では、実際にあったケースをもとにどのような対策を講じたのか、また、もし事前に相談されていたらどのような対策ができたかをお伝えできればと思っています。

相続が争族になるご家庭と「えんまん相続」ができるご家庭の違いは何なのか。

本書を読み終わった後、皆さんが「えんまん相続のための相続対策」に向かって一歩踏み出していただければ幸いです。

相続の流れ

次の章から実例をもとに相続のポイントや基礎知識を解説していきます。その前に、相続手続きの流れを説明し、皆さんに全体像のイメージを持ってもらいたいと思います。

①年金関係の手続き（目安　相続開始日から14日以内）

まずは、「年金受給者死亡届」を提出する必要があります。死亡届を提出しない限り、年金が支払われるおそれがあり、不正受給とみなされるおそれがあります。ただし、故人が日本年金機構にマイナンバーの登録が済んでいる場合、死亡届の提出は不要です。

次に、「未支給年金の請求」と「遺族基礎年金・寡婦年金・死亡一時金の請求」の届け出を行います。年金は原則後払いで偶数月にまとめて2ヶ月分が支給されます。死後に遺族が支払われる年金を、未支給年金といいます。請求することができるのは、故人と生活をともにしていた配偶者、子ども、

相続の流れイメージ

7日以内	被相続人の死亡 死亡届出の提出 世帯主変更
14日以内	健康保険・年金関係の手続き
3ヶ月以内	遺言書の確認 相続人調査 相続財産の調査 相続放棄・限定承認の申述
4ヶ月以内	所得税の準確定申告 遺産分割協議
10ヶ月以内	遺産分割協議書の作成 不動産の移転登記 財産の名義変更 相続税の申告・納税
1年以内	遺留分請求

両親、祖父母、兄弟姉妹、三親等以内の親族です。

遺族基礎年金は、年金受給者と生計をともにしていた子どものいる配偶者や子どもに支給される年金です。子どもがいない配偶者の場合、一定の条件をみたす場合、寡婦年金または死亡一時金が支給されます。

死亡した年金受給者が厚生年金に加入していた場合、遺族厚生年金が加入者と生計をともにしていた家族に支給されます。受給可能期間は子どもの有無により異なりますが、子どもがいない配偶者にも受給されます。

年金手続きは、請求者の住む最寄りの年金事務所及び年金相談センターにお問い合わせください。

② 遺言書の有無の確認（目安　相続開始日から2か月以内）

第2章以降で詳細を説明しますが、遺産に関する手続きは遺言書の有無によって変わります。そのため、故人が遺言書を残していたのか確認します。

手書きの遺言書（自筆証書遺言）は、故人の居宅、貸金庫を探してください。また、令和2年7月以降、法務局による手書き遺言書の保管サービスが開始されましたので、法務局へ照会するケースが今後増加すると思います。

法務局による保管サービスについては、第3章（186ページ）の「遺言書に関するFAQ」のQ2をご確認ください。

公正証書遺言を残していたかどうかは、最寄りの公証役場に書面による照会申込みをすれば、検索が可能です。

③相続人・相続財産や負債の調査／相続放棄・限定承認の申述（期限　相続開始日から3か月以内）

遺産は不動産や預金などの財産だけではなく、借金や税金も含まれます。被相続人（故人）の経済状況によっては、相続人にとって「負の遺産」になることもあります。

相続の方法には全ての財産を相続する「単純承認」、すべての財産を放棄する「相続放棄」の他に、マイナスの財産はプラスの財産の範囲内でしか相続しない「限定承認」の三つがあります。

単純承認の場合は、プラスの財産だけでなく、借金や税金などのマイナスの財産まで相続することになります。

この単純承認は手続きが不要で、意思表示するだけで相続となります。たとえ意思表示しなくても、相続の開始があったことを知ってから3ヶ月の期間内、これを「熟慮期間」というのですが、この期間内に「相続放棄」または「限定承認」の手続きを行わなければ、単純承認をしたものと見なされてしまうので、注意が必要です。

被相続人に多額の債務があった場合などには「相続放棄」を選択する方が多いです。結果として負の遺産を背負い込むことになるのですから、当然と言えば当然の判断でしょう。希に被相続人や他の相続人との関係性が良好なものではないため、相続そのものに関わり合いを持ちたくないという理由から相続放棄する方もいます。

相続放棄は一度決定すると撤回ができません。

なので判断の前に被相続人の財産や負債の調査を入念にする必要があります。ちなみに相続放棄をする場合は、被相続人の最後の住所地を管轄する家庭裁判所で手続きを行わなければなりません。

十分な時間が取れずに、被相続人の財産や債務がはっきりしない場合には、相続放棄か限定承認を選ぶことが多いです。

限定承認は、まだ債務がどの程度かわからず、財産が残る可能性がある場合などに選択するケースが多いです。簡単に説明すると、プラスの財産から故人の債務であるマイナスの財産を差し引き、余った財産だけを引き継ぐ形になります。その場合、もし差し引きでマイナス超過の赤字になったとしても、相続人は赤字のマイナス分を負担しなくてよいという制度です。限定承認も被相続人の最後の住所地を管轄する家庭裁判所で手続きを行います。

相続方法の比較

	単純承認	限定承認	相続放棄
概要	債務も含めてすべての財産を引き継ぐ	相続によって得た財産の範囲内で債務を引き継ぐ	すべての財産を引き継がない
手続き方法	必要なし	家庭裁判所	家庭裁判所
手続きの期限	ー	相続の開始があったことを知ったときから3ヶ月以内	相続の開始があったことを知ったときから3ヶ月以内
手続きに参加する義務のある相続人	ー	相続人全員	相続放棄を希望する相続人
適当なケース	債務より財産のほうが明らかに多い場合	借金が多いのか遺産が多いのかわからない 債務整理をしつつ家業を継ぎたい 自宅や家宝など特定の財産を残したい	遺産よりも借金のほうが明らかに多い 相続人が不仲でトラブルを避けたい

この三つの選択肢のなかから、相続人はいずれかの相続方法を選びます。そして三つの相続方法は前述した3ヶ月の熟慮期間内に行わなければなりません。

相続人が被相続人の死亡を知った日から、熟慮期間の3ヶ月がカウントされ始めます。なので相続人ごとに被相続人の死亡を知った日が違う場合、それぞれ熟慮期間も異なってきます。なお三つの相続方法を熟慮期間内に決められない場合、この3ヶ月を延長することができます。家庭裁判所にて延長が認められると、熟慮期間が1~3ヶ月程度延ばせます。

大前提として、遺産分割協議の参加者を特定するために相続人の調査が必要です。被相続人に疎遠で音信不通になっている親類がいれば、その全員を探し出さなければなりません。被相続人の出生が昭和初期となると兄弟姉妹も多いです。すべての相続人を確定するために、故人の出生から死亡までの戸籍謄本一式を取得しなくてはなりません。

④所得税の準確定申告（期限　相続開始日から4か月以内）

会社の同僚や知人友人、身近で不幸があったとき、相続の手続きで「準確定申告」という言葉を耳にしたことがあるかもしれません。すべての人が相続において直面することではありませんが、あなたが相続人になったとき、準確定申告を行う必要が出てくるかもしれません。

準確定申告とは被相続人（故人）の収入に対する確定申告のことをいいます。生前に収入があった人が亡くなった場合に行う確定申告です。準確定申告の方法は一般的な確定申告とほとんど同じで、所得税の還付も受けられます。生前、故人が行っていた確定申告を、相続人が代理で行うのが「準確定申告」なのです。

準確定申告が必要になるのは、故人が事業主やフリーランスなどの所得に対して確定申告が必要な仕事をしていた方です。つまり故人が生前に確定申告をしていれば、それを相続人が代わりに行うことになるというわけです。

被相続人が会社員で毎年年末調整を行っていた場合は、準確定申告は不要です。ただし会社員の場合でも、２ヶ所以上から給料を得ていたり、アパートやマンション経営、土地などの賃貸収入といった不動産所得があるような場合は、準確定申告が必要になることがあります。

おおむね、以下のような被相続人が対象となります。

- **事業所得、不動産所得がある**
- **２０００万以上の給与がある**
- **複数企業からの給料がある**
- **公的年金による収入が４００万以上ある**
- **給与、退職金以外で20万以上の収入がある**

このような場合、相続人が準確定申告を行わなければなりません。

通常の確定申告は前年1月1日から12月31日までの1年分の所得にかかる税額を計算します。大晦日に亡くなられるかたもいらっしゃいますが、ほとんどの被相続人は年の途中で亡くなります。その年の死亡日までの収入を、相続人が準確定申告します。

準確定申告と確定申告には、申告期限や控除など、いくらか違いがあります。

確定申告は前年の所得に対して税額を計算し、翌年の2月16日から3月15日の間に申告を行いますが、準確定申告は故人の死亡日までに発生した収入に関して行います。申告期間は相続の開始を知った日の翌日から4ヶ月以内なので、早めの準備が必要です。

確定申告では配偶者控除や扶養控除は12月末日の状態で決定しますが、準確定申告の場合は被相続人が亡くなった日を基点に控除の有無が決まり、生命保険や社会保険の控除も亡くなった日までに支払いが済んでいる金額だけを控除します。

確定申告は本人（一人）が行いますが、準確定申告は相続人全員が行わなければなりません。相続人が書類に連署し、押印します。被相続人が生前居住していた地域を管轄する税務署に、相続人が申告書を提出します。提出に必要な書類を揃えるのには相続人全員の協力が必要になってくるので、時間的な余裕を持って行いましょう。

⑤遺産分割協議

前記③の相続人や遺産の調査が確定した後、家庭裁判所への相続放棄をした方以外の相続人は、遺産分割協議をする必要があります。普段、相続の面談を受ける際、遺産分割協議に参加すべき相続人の範囲を誤解されている遺族が意外に多いです。第2章で解説しておりますので、ご確認ください。

この遺産分割協議で当事者間でまとまらなければ、残念ながら、家庭裁判所の調停手続に進むことになります。

⑥遺産分割協議書の作成　不動産の相続登記、金融資産の解約手続き（目安　相続開始日から9ヶ月以内）

⑤により相続人間で協議が整ったら、遺産分割協議書を作成します。遺産分割協議書には、相続人全員が実印で捺印する必要があります。市区町村に印鑑登録をお済みでない方は、登録手続きをし、印鑑証明書を事前に用意しておきましょう。

全員の捺印が済んだ後、法務局へ相続登記申請、金融機関で口座解約・預金等の送金手続きを行っていきます。なお、金融機関の手続きは、相続人の指定の口座に送金されるまで2週間（金融機関によっては1ヶ月以上）ほどかかります。次の相続税申告の際に納税が必要な方はお早めに金融機関の手続きを進めることをお勧めします。

⑦相続税の申告（期限　相続開始日から10ヶ月以内）

相続税の申告の期限は、相続が開始してから10ヶ月以内です。

いざ相続の場面に直面すると、煩雑な手続きや後に出てくるだろう相続税の問題が頭に浮かんでくるはずです。漠然と、相続税を払わなければ…と思うでしょうが、誰もが税の支払いを求められるわけではありません。

実際のところ、年間に発生する相続のうち、ほとんどが相続税のかからない遺産相続なのです。相続税には基礎控除という大きな非課税枠があり、相続額が基礎控除以下であれば、基本的に相続人が申告する必要はありません。

基礎控除額を算出するには、決められた計算式があります。

3000万円＋（600万円×法定相続人の数）＝基礎控除額

例えば相続人が配偶者と子ども2人の場合、基礎控除額は

〈相続税申告までのタイムライン〉

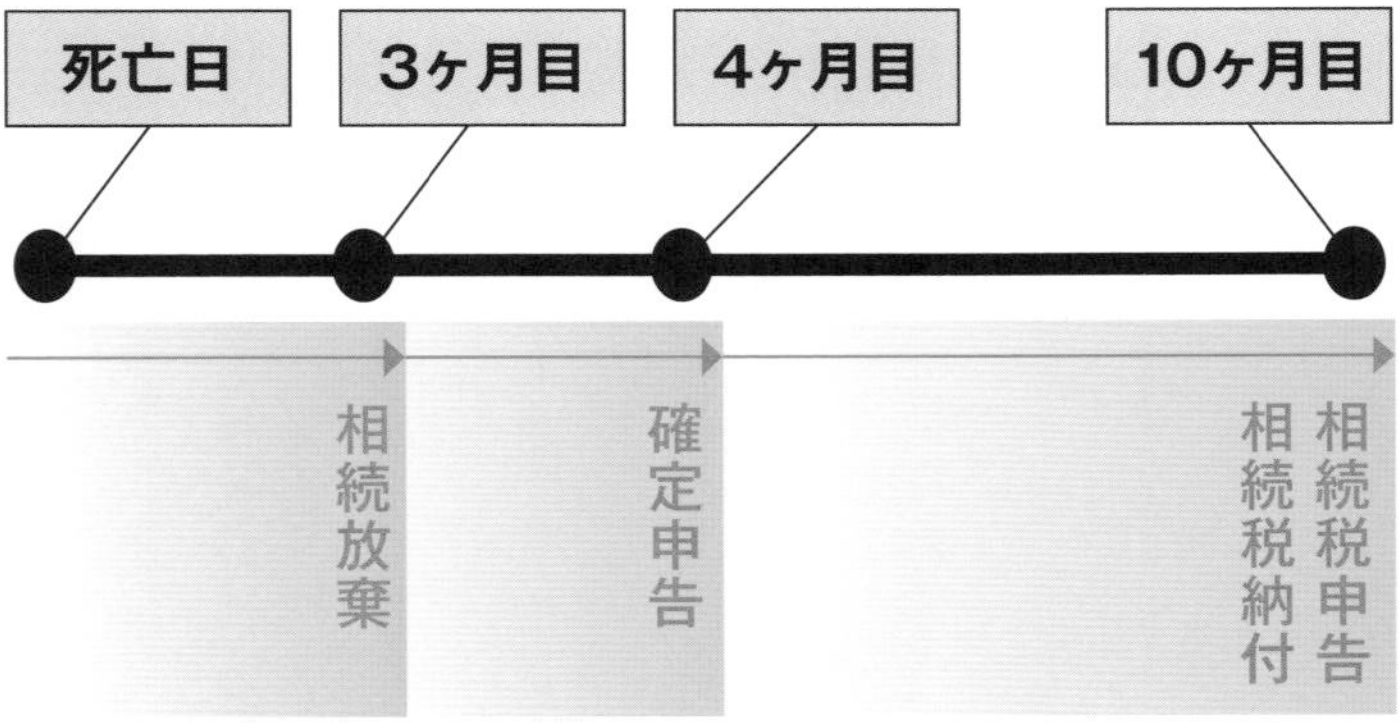

3000万円＋（6000万円×3人）＝4800万円となります。

相続額がこの4800万円以下ならば、相続税の申告と納付は必要ありません。

そこで、相続税の申告と納付が必要かどうかを判断するため、プラスの財産、負債、相続発生後に支払った費用（医療費、施設入居費、葬儀費用など）を洗い出し、それぞれ財産評価する必要があります。これまで①～⑥で見てきたとおり、相続発生後、さまざまな相続手続きをしていく必要があるため、相続税の申告期限はあっという間に訪れます。そのため、前記③の相続財産の調査の結果、基礎控除額を超える可能性がありそうな場合、この段階で税理士に相談することをお勧めします。相続税の詳細は、第6章のパートを確認してください。

⑧遺留分侵害額請求（目安 相続が発生し、自身が相続人であることを知ってから1年以内）

ここでは、簡潔に説明します。故人の遺言や生前贈与によって、遺産を相続することができなくなった相続人を救済する制度が遺留分制度です。遺留分をもつ相続人は、他の相続人へ金銭請求をすることができます。第2章（54ページ及び59ページ）で、遺留分や遺留分侵害額請求について、解説しておりますので、ご参照ください。

⑨葬祭費の支給申請（期限 相続開始日から2年以内 ※自治体により異なる可能性あり）

国民健康保険や後期高齢者医療保険の加入者が死亡し、遺族が葬儀費用を支払った場合、市区町村から喪主に対して、葬祭費として一定金額（5～7万円）が支給されます。国民健康保険や後期高齢者医療保険の係が窓口のため、保険証の返還と同時に手続きをしてしまいましょう。

以上が、相続手続きの一般的な流れになります。それでは、次章から実例をもとに相続について解説していきます。

第 2 章

さまざまな事例から学ぶ 相続の基本的知識

事例

1

父親の死後に戸籍確認で離婚歴と腹違いの姉妹の存在が発覚した坂本家の場合

ポイント

父親の死後に離婚歴と腹違いの子がいることが発覚し、前妻の2人の子も法定相続人に加わることになりました。

父親が死去した後、相続時に思わぬ事実が発覚して困惑した坂本さん家族のケースです。ご相談には長男がいらっしゃいました。

坂本さん家族の家族構成は、父親（86歳・死去）、母親（78歳）、長男（54歳）、長女（52歳）の4人家族です。長男、長女は結婚して子どももいます。長男家族は実家で両親と同居、長女は別の世帯を持ち同じ市内に暮らしています。

父親が持病の悪化で死亡後、葬式も終わり、長男を中心に遺産相続手続きを開始しました。坂本さ

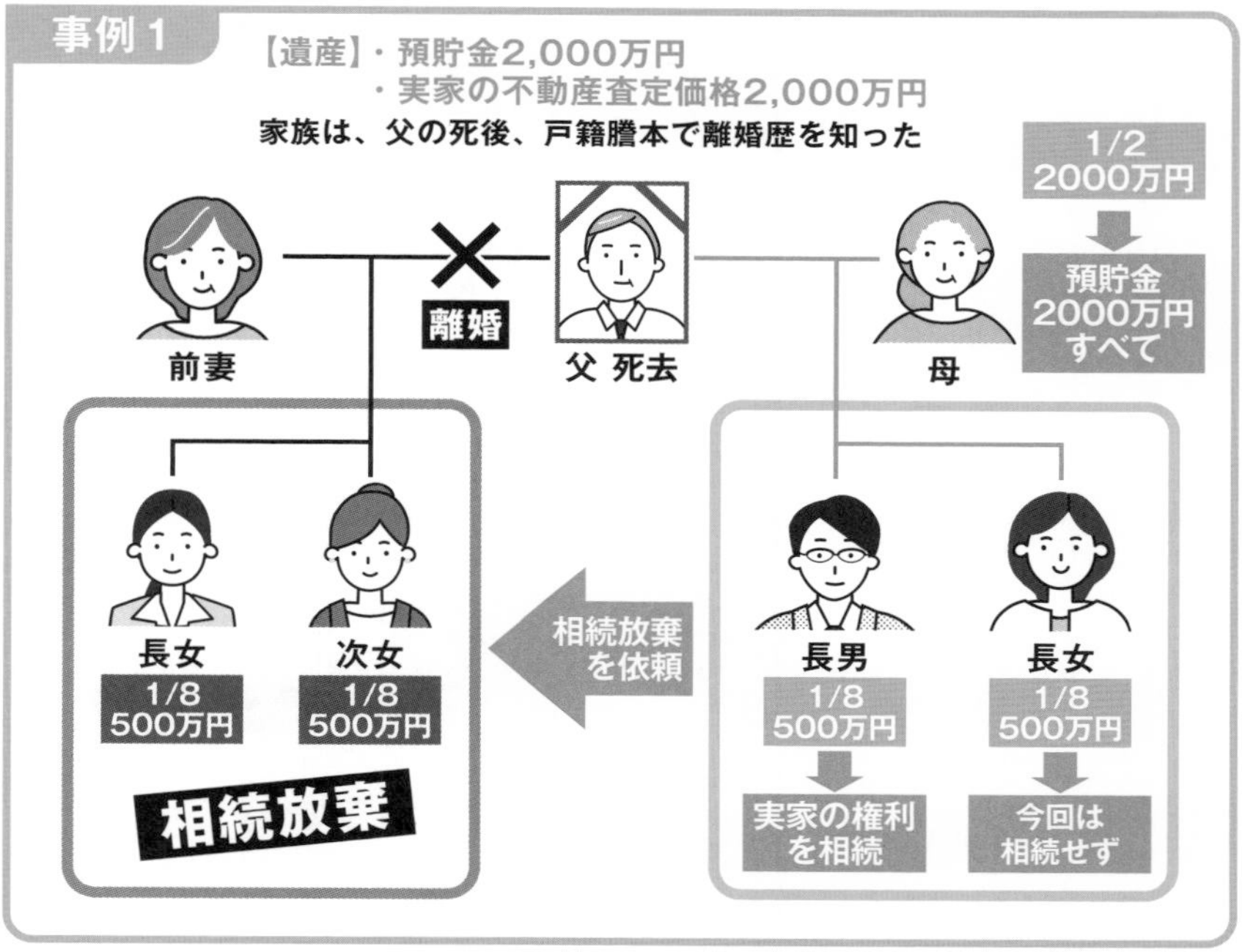

ん一家は関東在住ですが、父親の出身地は中国地方の地方都市であり、相続のために出身地の市役所から戸籍謄本を取り寄せました。

するとそこには驚くべき事実が記載されていました。父親には、母親と結婚する前に離婚歴があり、前妻との間にふたりの娘がいるというのです。父親に離婚歴があったことは、子どもたちのみならず、妻である母親も知らない事実でした。

「母は、自分が後妻であったことを知り、とてもショックを受けていました。おそらく父は、離婚歴が母との結婚に支障になると思って隠したのでしょう。父は母に、あまり過去のことを話したがらなかったといいます。結果、まさに墓場まで持っていく秘密となってしまいました。もちろん父方の親戚は知っていたのでしょうが、誰も教えてくれる人はいませんでした。長い間、みんなに騙されていたような気分だと、母は言っています」

長男、長女のおふたりにとっては別の意味でもショックな事実でした。腹違いとはいえ、いままで存在を知らなかった姉がふたりもいるというのです。

心理的なショックもありますが、相続上の問題も起こります。長男、長女がそれぞれ１／４を受け取れると思っていた父親の遺産ですが、子どもが２人追加されたことにより取り分は１／８へと減ってしまいます。さらに当面の問題として、前妻の子どもたちの了承なしには父親の銀行口座を解約することもできない、という事態になってしまいました。

存在を知らされていなかったというのは坂本さん側の問題であり、法律的に言えば当然、前妻の子どもたちにも相続権があります。しかし、坂本さん家族としては法定相続分を前妻の娘たちに相続させるわけにはいかない事情がありました。

父親の財産は、母親と長男家族が住む実家と、預貯金が約２０００万円です。実家不動産の価格査定が約２０００万円となり、相続財産は合計約４０００万円。そのうち腹違いの姉たちの法定相続分は、ふたり合わせて約１０００万円になります。実家はそのまま住み続ける予定ですので、預貯金の半分を渡すということになります。

「父は60代まで建設業の会社の経営者でした。大きな会社ではないので、母が経理と事務を担当しての家族経営です。母としては自宅も、預貯金も、夫婦ふたりで働いて手にした財産という意識があります。父が病気となり仕事を引退してから死ぬまでの20年間、母を中心として家族で介護をしてきました。今になって、見知らぬ他人に取られたくないという気持ちは母も僕たちにもあります。それに、家庭の預貯金名義は全て父親であり、母親名義のものはありません。預貯金はほぼ全て、母親の老後資金に回す算段を立てていました。そこから1000万円も取られてしまっては、母の今後の生活が成り立たなくなってしまうのです」

坂本さん家族側の事情を汲むためには、前妻の子どもたちに法定相続分の放棄をしてもらわなくてはなりません。しかし、当然面識もなく、前妻とどういう経緯で離婚したかすらわからない状態であり、当事者同士が連絡を取ることでトラブルに発展する可能性もあります。諸々の不安を感じて、私のところに相談に来られた次第でした。

前妻の子どもたちに連絡を取るために所在調査を行い、現住所を特定して、通知をお送りしました。しばらくして、前妻家族の代表として姉妹の姉の方から連絡をいただきました。生前の父親のことや、坂本さんご家族の事情、さらには母親に老後資金として預貯金を相続させてあげたいという長男の想いなどをお伝えしました。

「幼い頃に別れた実の父親がいることは、母親から知らされておりました。ご連絡ありがとうございますと、また長い間、父を支えていただき本当に感謝しておりますと、坂本様ご家族にお伝えください。相続放棄の件は、妹も私も了承いたしました。お金の件は結構ですが、一点お願いがございます。

母が別れるに及んで父の写真をすべて破棄してしまい、私たち姉妹は実の父親の面影を知りません。父の若い頃と、亡くなる前の時期の写真をいただければありがたいのですが」

このようなご返事をいただきました。遺産分割協議は速やかに、無事に終了。長男が自宅の権利を相続し、母親に預貯金すべてを相続させることができました。

坂本さん家族から前妻の姉妹には、すぐに父親の写真を同封したお礼の手紙が送られました。その後、坂本さん一家から、前妻の子どもたちに直接お礼をしたいとの連絡があり、間を取りもたせていただき会食を開くこととなりました。父親の死をきっかけに、それまで存在すら知らなかった腹違いの兄弟が出会い、交流を持つという、ほのぼのとする心温まる結末となりました。

今回のケースは、前妻の娘さんたちが非常に情の深い方々で、相談者さんサイドの気持ちを汲んでくださり事なきを得ました。しかし、同様のケースの中ではかなりレアな成り行きです。自分が正当にもらえる権利をみすみす手放すのは、なかなかできることではありません。前妻の子どもたちにとって、たとえ顔も覚えていない実父であっても、法定相続分の財産を取得するのは正当な権利です。いままで親として面倒を見てもらえなかった分、相続くらいはもらいたいという考えを持っても不自然ではありません。

坂本さんの亡くなった父親は、離婚歴をカミングアウトできないのであれば、せめて死後に妻や子どもが困らないように遺言を残して、現在の妻と子どもたちの相続権を守るべきだったといえます。もし同じように現在の家族以外に子どもがいる方は、すぐにでも遺言書の作成をお勧めいたします。

「法定相続人」とは

法定相続人とは、「被相続人が亡くなったときに遺産を受け取れる人物のこと」です。法定相続人の範囲は民法によって定められており、被相続人の配偶者および一定の血族に限られています。今回の坂本さん家族の事例でいえば、父親の後妻である母親とその長男と長女、だけではなく、前妻の娘2人の合計5人が法定相続人です。

法定相続人には、被相続人の遺産を受け取る権利があり、誰が法定相続人であるかによって、受け取れる遺産の割合が変わります。ただし、相続を放棄したり、廃除されたりしている法定相続人は、はじめから相続人ではなかったものとされます。

誰が法定相続人になれるのか

法定相続人になれる続柄や順序は、民法で定められています。ここでは法定相続人の順序や、法定相続人が死亡していた場合の代襲相続、そして相続人になれない場合について解説しましょう。

法定相続人の順序

被相続人の配偶者は常に相続人となります。その他の法定相続人および順位は、1位が子、2位が直系尊属（父母や祖父母など）、3位が兄弟姉妹です。

遺産を分割する場合、配偶者と順位の高い人が遺産を相続します。被相続人に子がいれば、その直系尊属や兄弟姉妹は法定相続人にはなれません。なぜなら、被相続人の子は直系尊属・兄弟姉妹よりも優先されると民法で定められているためです。

坂本さん家族の場合、被相続人の配偶者である母親と、その子である長男・長女・前妻の娘2人が法定相続人となります。

長男・長女と前妻の娘2人が同じ順位であることに違和感を覚える方もいるかもしれませんが、前妻の娘2人も父親の子である点では同じです。そのため、長男・長女と同じ権利を有します。

また、子には、法律上の子、つまり養子も含まれます。注意が必要なのは、幼いころに養子に出された子です。よく勘違いされる方が多いのですが、養子に出されたとしても、実親の子に変わりはありませんので、養子（特別養子を除く）も実親の相続人になります。

法定相続人が死亡していた場合は代襲相続

もし法定相続人が死亡していた場合、その人の代わりに子が相続することを「代襲相続」と呼びます。代襲相続できる条件は、「相続の開始時に相続人になれる人がすでに死亡・欠格・廃除により相続権を失っていること」です。

坂本さん家族の場合、仮に長男が死亡していたとすると、長男の子に相続権が発生します。長男(子)だけではなく長男の子(孫)まで亡くなっていた場合、ひ孫がいれば相続できます。

一方、相続人が故人の兄弟姉妹の場合、兄弟姉妹がともに死亡していたときは、兄弟姉妹の子である甥・姪が代襲相続しますが、甥・姪の子は代襲相続できません。つまり、兄弟が相続人の場合、代襲相続は、甥・姪までということです。第1順位の子と取り扱いが異なるので、要注意です。

なお、代襲相続できるのは直系卑属(子や孫)であり、直系尊属は代襲相続の対象ではありません。例えば、未婚の息子が死去し、父親はすでに他界しており、母親のみ健在だった場合です。この場合、第1順位の相続人はいないので、法定相続人は第2順位の直系尊属ですので、母親が相続人になります。もし息子さんの立場から見て父方の祖母が健在だったとしても、祖母が父親の相続権を代襲はできません。父方の祖母が相続人になることができるのは、息子さんの母親も先に他界していた場合のみです。

相続人になれない場合

相続人になれないのは次の4パターンです。

1 相続開始時にすでに死亡している

2　相続放棄している
3　欠格事由がある
4　廃除されている

相続開始時に相続人がすでに死亡していたときは、相続人の子が代襲相続します。相続放棄した場合は、はじめから相続人ではなかったとみなされます。なお、相続人である息子が相続放棄した場合は、孫も代襲相続できない点に注意してください。

欠格事由とは、「被相続人の殺害や、詐欺・脅迫などの手段で遺言状を書かせる、または遺言状を偽造・破棄した場合」を指します。

廃除とは、「被相続人を虐待・重大な侮蔑をした人に対して、相続権を失わせるための裁判手続き」です。もし坂本さん家族の長男が他の家族によって廃除された場合、長男は相続人にはなれないため、長男の子が代襲相続します。

法定相続人を把握する方法

それでは、法定相続人を把握するにはどうすれば良いのでしょうか。

法定相続人を確定させるには、被相続人の戸籍謄本をさかのぼって取得する必要があります。戸籍は引っ越し・結婚などの事情で本籍を転籍したときに移ります。被相続人の死亡時の本籍地の役所から、順々にさかのぼり、最終的に出生時の本籍地の役所から戸籍謄本を得ましょう。

坂本さん家族の場合、遺族が父親の戸籍をさかのぼった際に、父親に離婚歴があることと、娘が2人いることが発覚しました。前妻との間にできた娘2人も法定相続人となるため、娘2人を除いて遺産分割はできません。

このように、戸籍謄本を取得していけば、法定相続人を確定させることができます。

法定相続分について

相続人が受け取れる相続分には、被相続人が相続人および相続財産を指定する「指定相続分」と、民法で割合が定められている「法定相続分」の2種類があります。ここでは指定相続分と法定相続分の違い、そして相続人ごとに受け取れる法定相続分の割合をパターン別に解説しましょう。

指定相続分と法定相続分

指定相続分とは、「遺言書で指定された相続分」を指します。遺言書に名前のある相続人は、記載された財産を相続します。

例えば坂本さん家族の場合、父親は遺言書で「家は母親に、預貯金は長男に相続させる」と財産ごとに指定することが可能です。ただし、遺言書を書き、相続割合を自由に決定したとしても、兄弟姉妹を除いた法定相続人には、相続できる最低限の割合が民法で保証されています。この割合を「遺留分」と呼びます。遺留分については54ページで詳しく説明します。

そして法定相続分とは、「法定相続人が相続できる割合」であり、その割合は民法で定められているのです。なお、指定相続分は法定相続分よりも効力が高いため、遺言書が残されている場合は、基本的に遺言書の内容にしたがって遺産を分割します。つまり、法定相続分より指定相続分が優先されます。

相続分の割合をパターン別に解説

基本的な法定相続分は次のとおりです。

●相続人が配偶者と子…配偶者2分の1、子2分の1
●相続人が配偶者と直系尊属…配偶者3分の2、直系尊属3分の1
●相続人が配偶者と兄弟姉妹…配偶者4分の3　兄弟姉妹4分の1

子や直系尊属・兄弟姉妹が2人以上いた場合、人数分で割ります。

坂本さん家族の事例では、母親が2分の1を受け取り、残りの2分の1を長男・長女・腹違いの姉2人の4人で分けるため、それぞれが8分の1ずつ受け取ります。

その他の相続分の割合をパターン別に見ていきましょう。

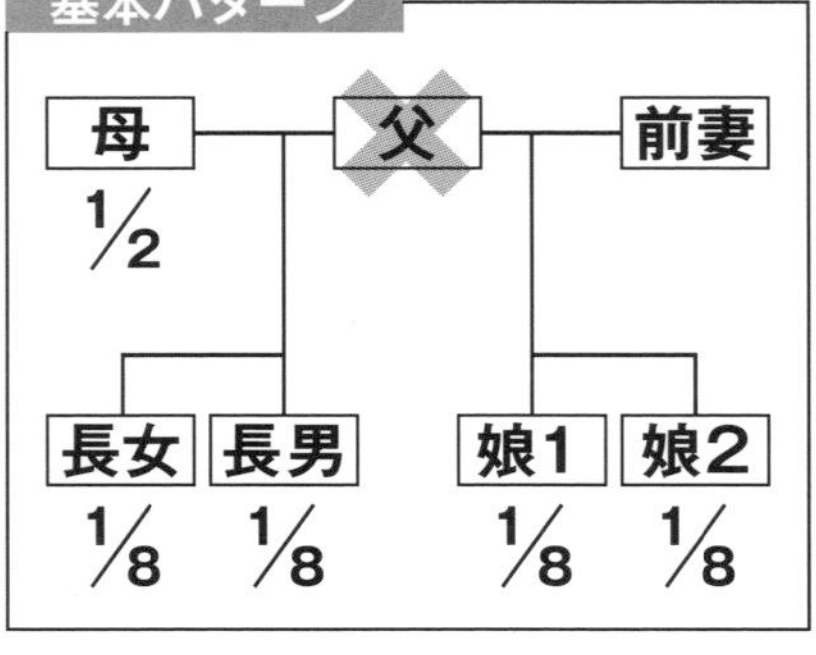

【パターン1　子と直系尊属がいる場合】

被相続人の配偶者である母親と長男、直系尊属がいるパターンです。母親は相続人となり、財産の2分の1を相続しますが、子と直系尊属である祖父母の相続分はどうなるのでしょうか。子は直系尊属よりも法定相続分の順位が上ですので、直系尊属は相続人にはなれません。そのため母親と子が2分の1ずつ相続します。

【パターン2　子の代わりに孫が代襲相続する場合】

母親と長女、長男の子である2人の孫がいるパターンです。母親は財産の2分の1を相続し、残り半分を長男・長女で分けることになります。しかし、相続時にすでに長男は死亡していますので、2人の孫が代襲相続します。

そのため母親が2分の1、長女が4分の1、そして長男の4分の1を2人の孫で分けるため、孫が8分の1ずつ相続します。

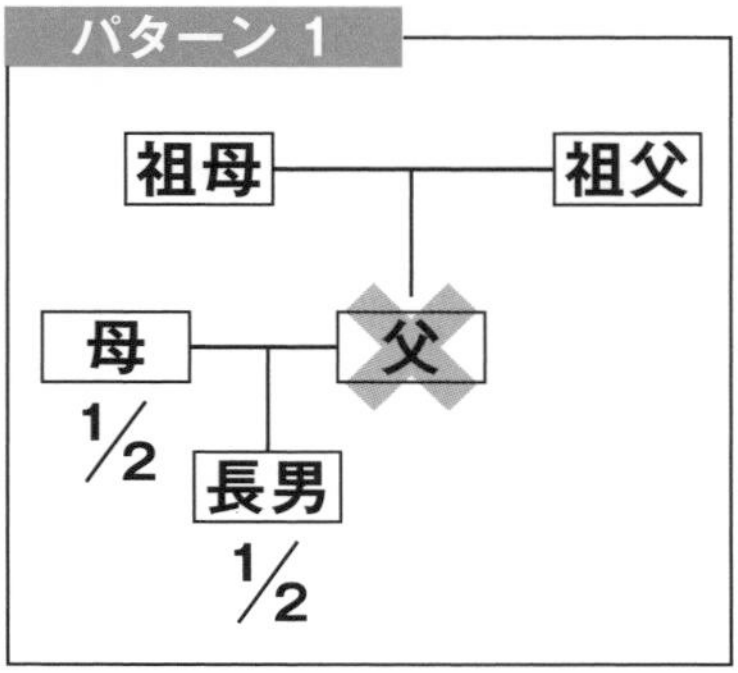

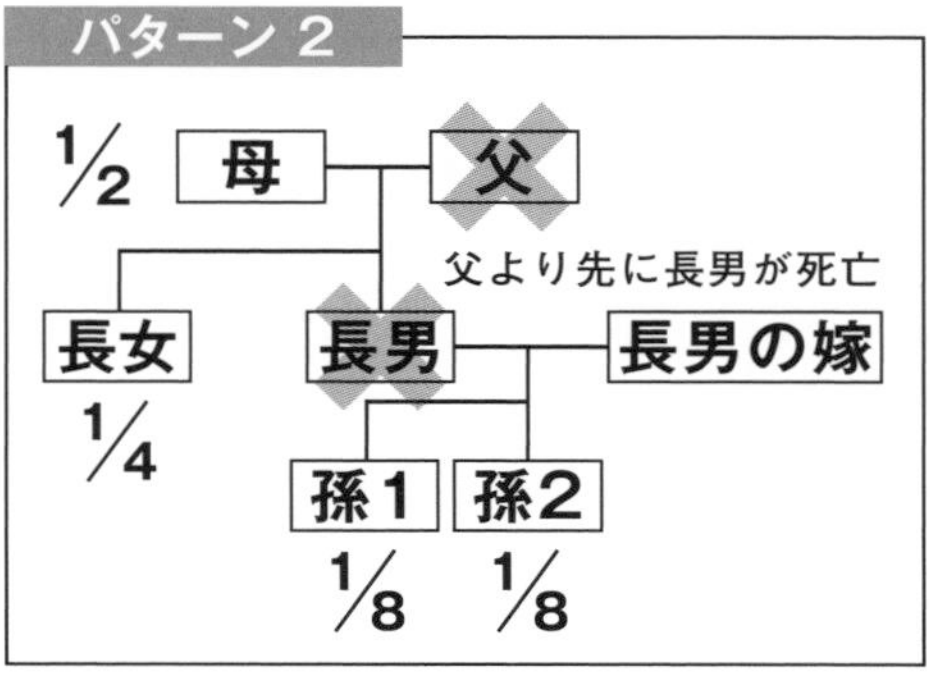

【パターン3　相続放棄した子がいる場合】

母親と長男・長女がいて、長男が相続放棄したパターンです。相続放棄した人は、はじめから相続人ではなかったと認識されます。

そのため母親と長女が2分の1ずつ相続します。長男に子どもがいたとして、代襲相続が発生しないことは前述のとおりです。

【パターン4　胎児がいる場合】

母親と長男・長女・次男・胎児がいるパターンです。

胎児にも相続権が生じますので、長男などと同じ割合の相続分となります。　そのため母親が2分の1、長男・長女・次男・胎児が8分の1ずつ相続します。

ただし、胎児が生まれる前に亡くなった場合は長男・長女・次男で遺産を分割しますので、それぞれ6分の1ずつ相続します。胎児が生まれてくるまで不確定なため、遺産分割などの手続きは確定するまで待ちましょう。

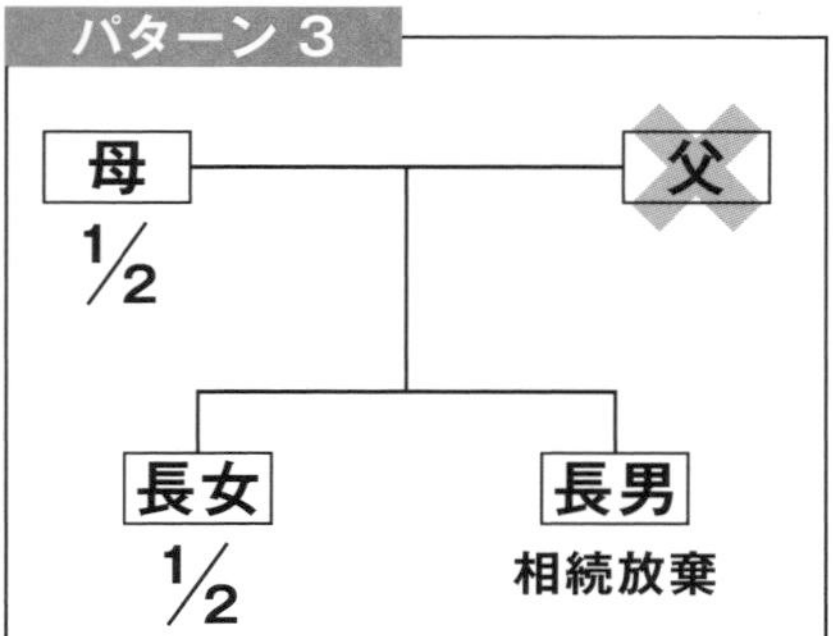

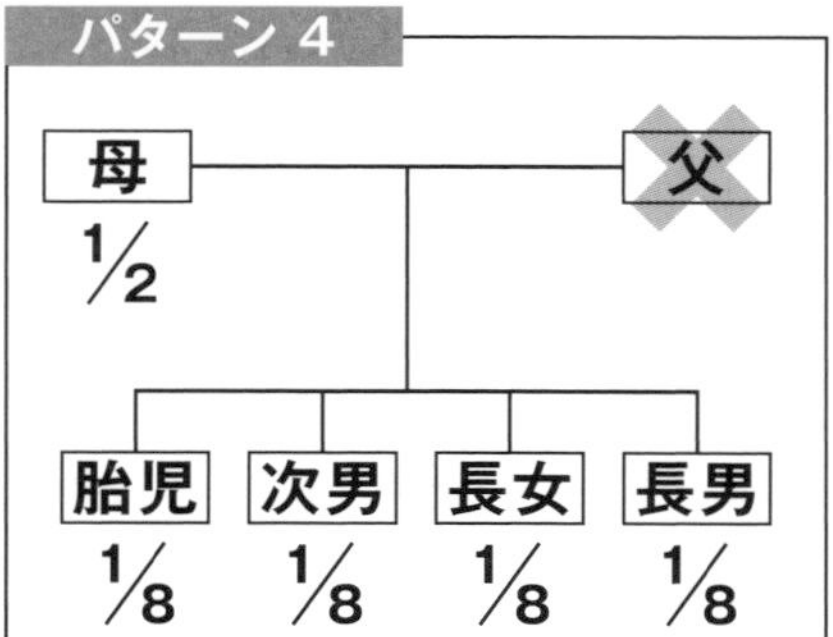

【パターン5　未婚で子もなく、両親が先に亡くなっている場合】

被相続人が未婚で子もなく、両親が先に亡くなっており、また、父親と前妻との間に子供がいるパターンです。

相続人は、被相続人（次男）の兄弟姉妹である4名です。ただし、父母の一方のみ同じくする兄弟姉妹（長女・次女）の相続分は、父母を一緒にする兄弟姉妹（長男・三男）の相続分の2分の1となります。そのため、長女と次女が6分の1、長男と三男が6分の2ずつ相続します。

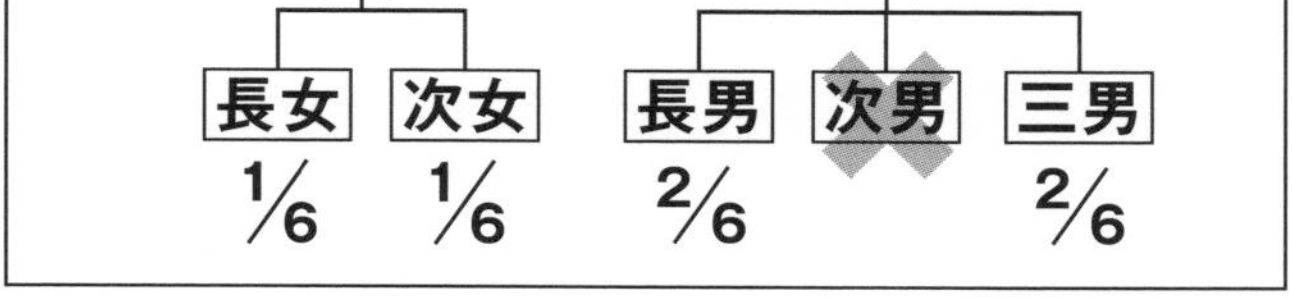

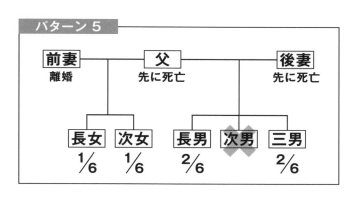

事例

2

子どもがいない夫婦間で自宅を共同名義にしていた佐々木家の場合

ポイント

子どもがいない中村さん夫婦は、自宅を共同名義にしていました。配偶者が亡くなった際には、配偶者の兄弟が法定相続人となり、自宅の売却には法定相続人すべての許可が必要だとわかりました。

八王子市に住む佐々木さん（82歳）からの相談です。

今年、奥様（78歳）がお亡くなりになりました。奥様はもともと体が弱かったこともあり、子どもは作りませんでした。佐々木さんのご両親もすでに亡くなっており、親しくしている親族もいないため、一人きりの状態となりました。

若い頃から佐々木さんが外で働き、奥様が専業主婦として炊事洗濯など家事一切をする生活だったといいます。また老齢のため体がきついということもあり、奥様の死後、身の回りのことを自分でし続ける自信が持てず、有料の老人ホームへの入居を考えるようになりました。

しかし、希望するホームの費用を調べたところ、預貯金と年金のみでは足りないことがわかりました。ホームに入居すれば自宅は必要なくなりますので、土地付きの一軒家の自宅を売却して、ホームの費用に充てようと思いました。老朽化により建物は値段がつきませんでしたが、土地には2000万円ほどの値がつくことがわかりました。

ここで佐々木さんは大きな問題に直面します。自宅の相続の問題です。自宅購入時、自宅の名義は佐々木さんと奥様が50%ずつ持つ共同名義としました。奥様の両親はすでに他界しており、夫婦間に子どもがいません。この場合、奥様の財産を相続する権利を持つのは、夫である佐々木さんと、奥様の兄弟、兄弟が死去している場合はその子ども（甥・姪）、ということになります。

佐々木さんの奥様の兄弟は、弟が2人、妹が1人おり、弟のうち1人は亡くなっています。亡くなった弟には子どもが2人います。そのため、奥様の弟と妹、さらに甥と姪が、奥様分の自宅名義の法定相続人となることになります。自宅の土地を売るためには、法定相続人全ての許可が必要となることがわかりました。

しかし、佐々木さんは奥様方の親族と折り合いが悪く、協力的な返事をもらえず、困り果ててしまいました。

「夫婦2人きりで人生を送ってきたこともあり、夫婦の財産はすべて自分たちのものだという感覚が

事例２

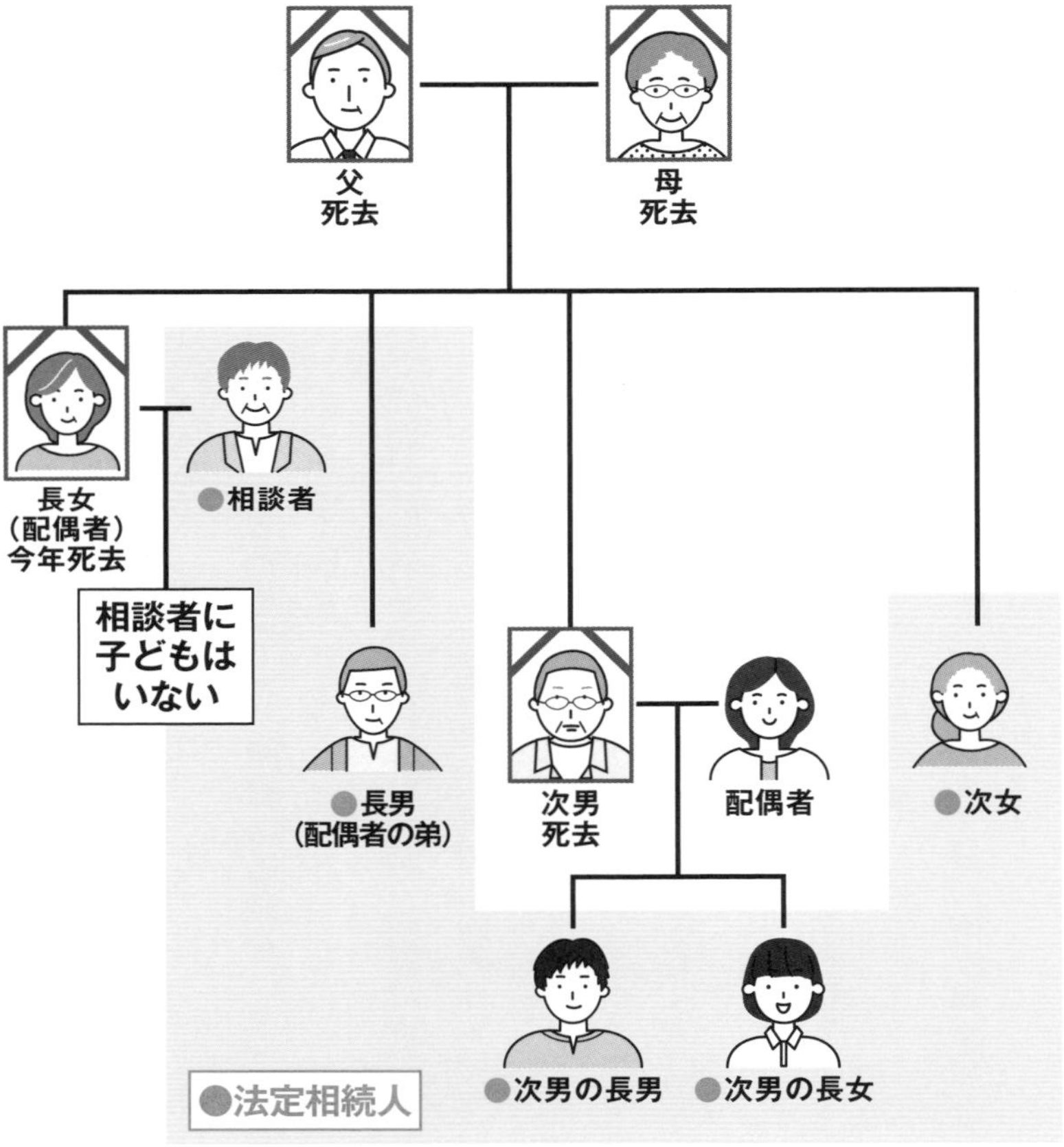

・自宅は夫婦で50％ずつの共有名義だった
・夫婦に子どもはなく、妻が今年死去。
遺言書はない
・妻の父母が死去しているため、
兄弟・甥姪が法定相続人となる

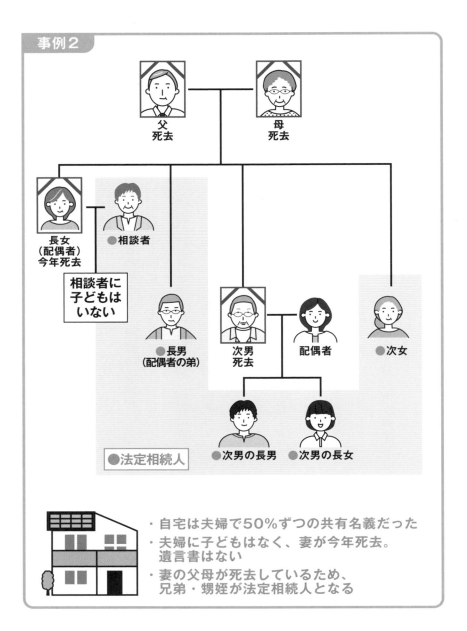

ありました。向こうの親族と疎遠だったこともあり、まさか、何十年も会っていない妻の兄弟や、ましてや甥や姪に、自分の家の権利が相続されるなんて、夢にも思っていませんでした…」

佐々木さんから依頼を受けてから半年間、佐々木さんの奥様の親族のもとに何度も通い、佐々木さんの現状を説明して協力を依頼しました。過去の感情的なもつれもあり、最初は快い返事をいただけませんでしたが、まずは弟さんが理解を示してくださり、その後は弟さんを中心に、全員が相続放棄する形で意見をまとめていただけました。

その後、佐々木さんは無事に自宅を売却でき、ホームに入居することができました。亡き奥様の親族に対する長年の態度を反省して、皆に感謝の手紙を書いたそうです。

このようなトラブルはどのようにすれば避けることができたのでしょうか。一番良い方法は、夫婦ふたりとも存命のうちに、どちらかの死後に財産を全て配偶者に渡す旨の遺言書を作成することです。たしかに、相続人には、遺言書にいかに記されていても最低限受け取ることができる「遺留分」という権利があります。しかし遺留分が認められるのは、配偶者の他は、曽祖父母、祖父母、親、子ども、孫、ひ孫といった直系の家族・親族のみです。佐々木さんの奥様の場合のような、兄弟や甥、姪には遺留分が認められません。つまり、遺言書を残しておけば、そもそもが奥様の親族の協力を求めずとも、自宅の権利を１００％佐々木さんが相続することができたのです。

子どもがいない夫婦が、財産を全て配偶者に残したいと希望しているのであれば、遺言書を残しておくことをお勧めします。

子がいない夫婦の相続

子がいない夫婦の場合、本事例の佐々木さんのように、旦那さんだけではなく、奥様側の親族（奥様の両親または兄弟姉妹や甥姪）が法定相続人になります。そのため、残された配偶者はパートナーの死後、パートナーの親族側に法定相続分の権利を放棄してもらえないかと遺産分割協議時にお願いする必要があります。これまで、パートナーの親族と交流があったとしても、資産に関する交渉ごとをすることは精神的に相当負担がかかるのではないでしょうか。そのため、子がいない夫婦は、何度も書きますが、互いに遺言書を残してください。この後、遺留分について詳しく説明しますが、法定相続人が兄弟姉妹や甥姪でしたら、遺言書さえ残せば、親族と遺産に関する争いは避けられます。

「遺留分」という制度

遺言書がある場合、45ページの指定相続分と法定相続分のパートで説明したとおり、法定相続分より指定相続分が優先されます。つまり、遺言者の希望どおりに、遺産を自由に分配することができます。

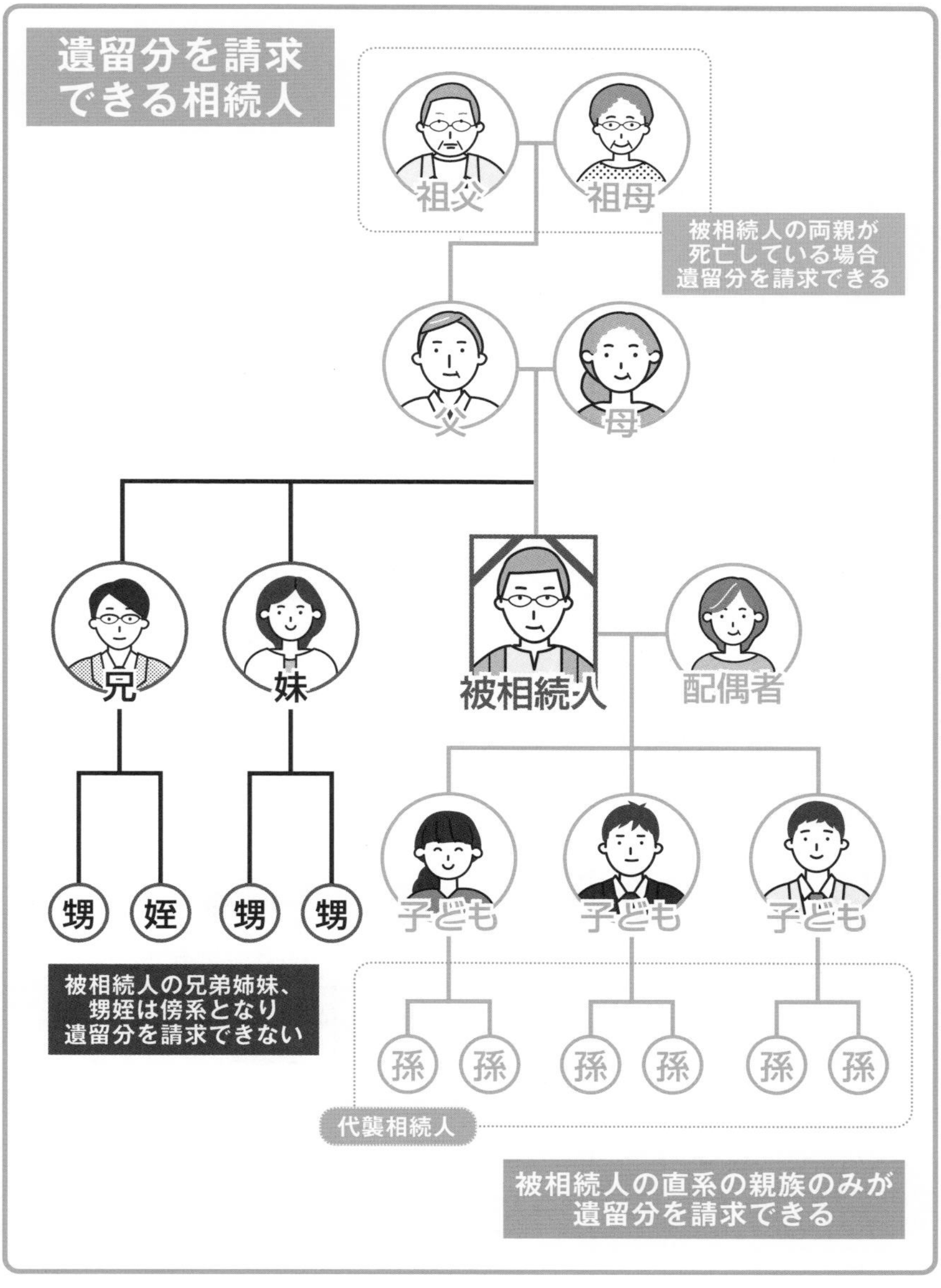
遺留分を請求できる相続人
祖父
祖母
被相続人の両親が死亡している場合遺留分を請求できる
父
母
兄
妹
被相続人
配偶者
甥
姪
甥
甥
子ども
子ども
子ども
被相続人の兄弟姉妹、甥姪は傍系となり遺留分を請求できない
孫
孫
孫
孫
孫
孫
代襲相続人
被相続人の直系の親族のみが遺留分を請求できる

しかし、例えば「財産の全てを友人Aに相続させる」という内容の遺言書が、夫の死後に出てきた場合、遺言どおりに友人Aの手に夫の財産が渡ってしまったら、奥様やお子さんの生活が成り立たなくなる可能性があります。そこで、民法では被相続人の遺族の生活を保障するため、遺言に一定の制約を設けております。それが、「遺留分」という制度です。

遺留分を請求できる相続人

遺留分を請求できるのは、亡くなった方の配偶者と子ども（孫、ひ孫）、親（祖父母、曽祖父母）、といった直系の家族・親族です。法定相続人から兄弟姉妹や甥姪は請求できません。そのため、もし佐々木さんの奥様が全ての財産を佐々木さんに渡す旨の遺言書を作成していた場合、奥様の弟と妹、甥姪は遺留分を請求できず今回のようなトラブルを避けることができました。

しかし、実際には奥様の遺言書がないため、佐々木さんと法定相続人である親族とで自宅の土地を相続することになり、

相続人	遺留分の割合	法定相続分の割合	相続財産の全てに対する遺留分
配偶者	1/2	1/2	1/4
子ども（または孫）		1/2	1/4
配偶者	1/2	2/3	1/3
親（または祖父母）		1/3	1/6
配偶者	1/2	3/4	3/8
兄弟姉妹（または甥姪）	なし	1/4	なし
配偶者のみ	1/2	全部	1/2
子ども（または孫）のみ	1/2	全部	1/2
親（または祖父母）のみ	1/3	全部	1/3
兄弟姉妹（または甥姪）のみ	なし	全部	なし

佐々木さんだけの判断では土地を売却できない事態となってしまいました。

遺留分として保障される割合

遺留分として保障される割合は、基本的に法定相続分の割合の2分の1で、親や祖父母といった直系尊属のみが相続する場合だけ法定相続分の割合の3分の1です。

遺留分は「遺留分の基礎となる財産」に「遺留分の割合」と「法定相続分の割合」を乗じることで計算ができます。

（遺留分）＝（遺留分の基礎となる財産）×1／2×（法定相続分の割合）

右記の式中の1／2は遺留分の割合を表すため、直系尊属のみの相続では1／3に入れ替えて計算してください。

遺留分の計算

遺留分を算出するために、次の5つを確かめる必要があります。

1　相続開始時点で亡くなった方が所有していた財産

2　遺贈（遺言により財産を分配）された財産
3　相続開始前の1年以内に亡くなった方が贈与した財産
4　相続開始前の10年以内に亡くなった方が法定相続人に贈与した財産
5　相続開始より1年以上前の、当事者同士が遺留分を侵害すると知りながら贈与した財産
6　亡くなった方が遺留分を侵害すると知りながら、売却してしまった財産

以上6つの財産を合計し、さらに亡くなった方の債務を差し引いたものが「遺留分の基礎となる財産」です。

この「遺留分の基礎となる財産」に法定相続分の割合と遺留分の割合を乗じることで遺留分を計算することができます。

例えば、法定相続人が配偶者と子ども2人の合計3人で、亡くなった方の所有財産が3000万円、遺贈された財産が500万円、債務が300万円の場合の遺留分を計算してみましょう。

遺留分の基礎となる財産

3000（万円）＋500（万円）−300（万円）＝3200（万円）

配偶者の遺留分（法定相続分の割合は2分の1）

3200（万円）×1／2×1／2＝800（万円）

子ども1人あたりの遺留分（法定相続分の割合は2分の1）
3200（万円）×1／2×1／2÷2＝400（万円）
※1人あたりの遺留分とするため最後に2で割っています。

配偶者と子どもは直系尊属に該当しないため遺留分の割合は2分の1で、配偶者は法定相続分の半分を、子どもはそれぞれ法定相続分の4分の1を遺留分として受け取ることができます。

遺留分侵害額の請求

遺留分の制度は特定の法定相続人に与えられた権利ですが、請求しない限り遺留分を受け取ることはできません。

請求するには、遺産を受け取った相手に対して直接交渉して請求する・調停（裁判）で争うという方法があります。

また、遺留分侵害額請求には次の2つの時効が設けられています。

●相続を開始したこと、遺留分を侵害する遺言や贈与などがあったことを把握してから1年
●相続が発生してから10年

これらの期限を過ぎてしまうと遺留分の請求ができないため、注意が必要です。

遺留分の金銭債権化

民法改正により、２０１９年7月1日以後に開始した相続について、遺留分に相当する金銭を請求することができるようになりました。

改正前は遺留分として不動産の一部などで支払われることがありましたが、遺留分を請求している時点ですでに当事者同士が揉めている可能性が高く、そのような状態での不動産の共有はさらなるトラブルにつながるとの懸念がありました。

そのため、本改正は請求する側とされる側の双方にメリットがあると言えるでしょう。

ここでは、遺留分の制度について解説しました。法定相続人の中でも亡くなった方の兄弟、姉妹、甥姪は遺留分を請求できないため、配偶者や子どもに全ての財産を渡す旨の遺言書があれば、兄弟などは反対できないということになります。

事例

3 継母の死亡後に養子縁組をしていないことが発覚した遠藤家の場合

ポイント

後妻の死後に養子縁組がされていないため、子は相続人ではないことが判明した。父の死後に後妻名義の口座に移した父の預貯金は、なんと後妻の兄弟が相続することになった。

遠藤さん一家の長女、長男から受けた相談です。

父親が6年前に、今年に入って後妻である義母が亡くなりました。家族構成は父親（享年75歳）、後妻（享年70歳）、長女（47歳）、長男（45歳）。長男、長女はどちらも結婚して別世帯を持っています。

義母の葬儀代を払うために義母名義の口座のある銀行に行ったところ、口座名義人が死亡した際は相続手続が完了するまで口座が凍結すると言われました。早めに相続手続きを進めようと、義母の戸籍謄本を取得すべく役所に赴きました。すると、長女も長男も相続人ではないため、戸籍謄本を発行することはできないと言われました。義母と、長女・長男との間に養子縁組がされていないというのです。つまり幼い頃から養母だと思っていた女性は、実父の妻でありこそすれ、長女・長男の養母ではなかったのです。

父親が死亡した際、2人はその後の義母の生活を考慮して、父親名義の貯金全てを義母名義の口座に移す手続きに協力していました。

「私たちの実母は、私たちがまだ小学校に上がる前に交通事故で亡くなったと聞いています。父が義母と再婚したのは、長女である私が中学校に上がった年でした。その後、義母と連れ子である私たちの関係は悪くはなく、自然と親子としての関係になっていきました。まさか養子縁組がされていないとは思ってもみませんでした。亡くなる少し前に、義母に「近々折入って、話しておかなければならないことがある」と言われたことがありました。体調の悪化などで結局、内容はわからず仕舞いになってしまいましたが、今になって思えば、それが養子縁組の件だったのかもしれません」

義母（※法律上、義母ではなかったのですが、便宜上、以後も義母と記します）の妹に相続の件で連絡を入れた際に、養子縁組をしていないと知っていたと言われました。義母の親族の間では公然の秘密であったようです。相続に関しては、生前に義母から「貯金はあなたたち兄弟姉妹で分けてちょうだい。住んでいる自宅だけは子供たちに譲ってあげてほしい」と言われていたと言います。

実家の建物は築が古く、都内から電車で1時間ほどの私鉄沿線駅から徒歩20分ほどと立地も良いとは言えず、価格査定したところ、解体費など諸経費を差し引くと1000万円に満たない額となりました。一方、預貯金の方は、父親が亡くなった時点で2000万円ほどあり、現在でも約1000万円の額が義母の口座に残っています。

「こう言っては何ですが、うちの財産は義母と結婚する前からの時期を含めて、ほとんどが父が築いたものです。生きているうちはまだしも、義母が亡くなった今、財産のほとんどを義母の兄弟姉妹に取られるというのは納得がいきません。父が亡き後、母だと思っていたからこそ老いた義母の面倒もあれこれ見てきたわけで、私たち兄弟からすれば裏切られたという気持ちが大きいです。世間で言う後妻業の被害にあったような気分です」

しかし法律的に、義母と子どもたちに親子関係がなく、義母名義の預貯金を受け取りたいとなれば、義母の兄弟姉妹から善意で譲渡してもらう他はありません。

私の方で案件を引き継いで、7名いる義母の兄弟姉妹に連絡を取りました。意見をまとめていただいたところ、義母の兄弟姉妹全てが遺産分割協議に参加するとの答えをいただきました。義母が生前自分の妹に伝えた意思を引き継ぎ、『預貯金は子どもたちに譲らず義母の兄弟姉妹が相続する。その代わりいまだ父親の名義となったままの実家の相続権を放棄する』という結果となりました。

長女、長男には不満が残る結果となりました。「大切な実家だけでも自分たちだけの名義になったのだから…」と、諦めをつけるように顔を見合わせておりました。義母に裏切られたという気持ちは消えなかったようで、遺骨を父親の墓に入れることは拒否して、義母の親族に引き取ってもらったそうです。

後味の悪い結果となってしまった当ケースですが、トラブルの要因は、義母と義母の親族が長男・長女に対して、養子縁組をしていないことを隠し続けたことにあります。

子連れで再婚をしても、自動的に連れ子が親の再婚相手と養子縁組されるわけではありません。また、養子縁組はあくまでも個人間で自由に取り決める制度であり、再婚したからといって連れ子を養子縁組しなくてはならないということもありません。

しかし、死後のトラブルを避けるためにも、養子縁組をしていない場合は、子どもが小さい間はまだしも成人後は、その事実を伝えるか、もしくは遺言によって子どもに遺産を残すなどの対策を取ることをお勧めいたします。

事例3

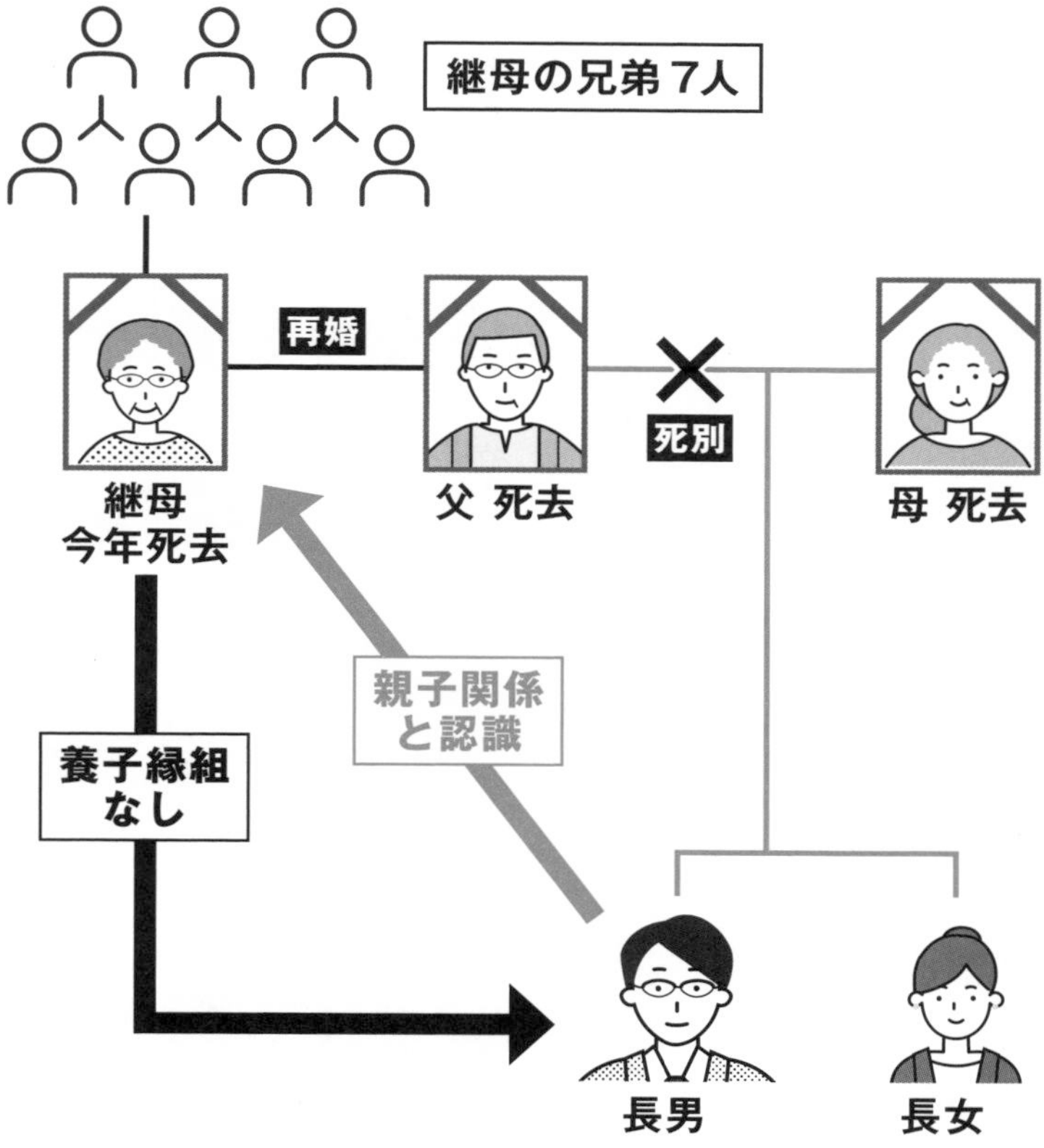

・継母の死後に養子縁組がなかったことが発覚

・父親から相続した遺産も含めた継母の遺産は、継母の兄弟に相続されることになった

・継母の兄弟は預貯金を相続し、父親名義のままであった実家は権利を放棄した

「養子縁組」という制度

養子縁組とは血縁上親子関係がない者同士に、法律上の親子関係を成立させる制度です。血縁関係がない人に自分の財産を相続させる方法の一つでもあります。日本の養子縁組には普通養子縁組と特別養子縁組の2つの制度があり、大きな違いは実親との親子関係があるかないかです。

普通養子縁組で養子になった人は実親と養親の2組の親を持ち、互いに「扶養義務」と「法定相続権」を有します。一方、特別養子縁組で養子になった人は実親との関係が消滅するため、実親との「扶養義務」や「法定相続権」を有しません。

特別養子縁組は、育児放棄・虐待などの事情、身寄りがなく施設で暮らしているなど、15歳未満の子どもの利益のために必要と認められるとき、家庭裁判所の審判によって成立します。本書では特別養子縁組の内容は割愛します。

一方、普通養子縁組は相続や姓の存続などを目的に、子連れ再婚の際にも利用されています。遠藤さん一家の父と義母は子連れ再婚しており、義母と長女・長男が養子縁組する際には普通養子縁組が該当します。

普通養子縁組の要件

普通養子縁組は養親と養子の合意と届出により成立します。さらに、別途以下7つの要件を満たす必要があります。遠藤さん一家の場合はどうだったのか、1つずつ見ていきましょう。

1　養親となる者が20歳に達していること

父親と義母が再婚したのは長女が中学に上がる年で、再婚当時も義母は20歳を超えていました。

2　養子となる者が養親となる者の尊属又は年長者でないこと

長女・長男は義母より年少であり尊属ではありません。ちなみに尊属とは親等の上で父母と同列またはそれより目上の血族のことです。

3　養親が後見人で養子が被後見人のときは家庭裁判所の許可が必要

義母は長女・長男の後見人ではないため、この要件は必要ありません。

4　配偶者のいる者が縁組する場合、かつ養子が未成年の場合は夫婦ともに養親になる（結婚相手の連れ子との縁組の場合を除く）

子連れ再婚のため夫婦で養親になる必要はありませんでした。

5　配偶者のいる者が縁組するには配偶者の同意が必要

父親が亡くなる前は同意が必要でした。

6　15歳未満の者を養子とする縁組では、その法定代理人が縁組の承諾をする

長女・長男が15歳未満のときに縁組する場合には、そのとおりです。

7　未成年者を養子にするときは家庭裁判所の許可が必要（自分の孫や結婚相手の連れ子との縁組の場合を除く）

子連れ再婚のため家庭裁判所の許可は必要ありませんでした。

養子縁組による相続税対策

相続税の基礎控除額は「基礎控除＝3000万円＋（600万円×法定相続人の数）」で算出できます。法定相続人が1人増えれば600万円増え、法定相続人の数が多いほど基礎控除額が増えていく仕組みです。相続財産の額が基礎控除額の範囲内であれば、相続税は発生しません。

法定相続人に含められる養子の数は、実子がいる場合1人、実子がいない場合2人です。ただし、特別養子縁組により被相続人の養子となっている人や、被相続人の配偶者の実の子どもで被相続人の養子になっている人は、実の子どもとして取り扱われるため、法定相続人の数に含まれます。

普通養子縁組のポイント

最後に、相続における普通養子縁組のポイントを整理します。

① 養子は実父・実母と養父・養母の計4名の相続人になります。小さいころに養子に出た兄弟がいたとしても、その子も実父と実母の相続人に該当しますので、遺産分割協議に参加させる必要があります。

② 相続税の計算においては法定相続人の数は制限されますが、民法上は養子の数は制限されておりません。例えば、父が死亡し、相続人が母と実子1名と養子3名（母の実子でもない）であった場合、法定相続分は母が1／2、実子・養子計4名が各自1／8となります。相続税の計算においては、法定相続人の数を3名とし、「基礎控除額＝3000万円＋（600万円×3）」となります。

普通養子縁組と特別養子縁組の違い

	普通養子縁組	特別養子縁組
成立	養親と養子の合意と届出	家庭裁判所による審判
養親の条件	単身でも可能	夫婦共同で縁組
養親の年齢	20歳以上	25歳以上の夫婦（どちらかが25歳以上ならもう一方は20歳以上でも可）
養子の年齢	養親より年少で卑属であれば問わない	原則、15歳未満
実親との関係	終了しない	終了する
戸籍上の表記	養子・養女	長男・長女
監護期間	なし	6ヶ月
離縁	養親と養子の同意で可	原則、不可

事例

4

30年前に死亡した父親名義のままの自宅の所有者変更をしたい山田家の場合

ポイント

故人名義の不動産を名義変更せず、長らく放置していた。所有者移転登記をしようとしたところ、13名の親戚の協力が必要な状況だった。

山田さん（75歳）からの相談です。

今年、山田さんは癌の転移が見つかり、医師から余命半年の宣告を受けました。

自分の死亡後の相続で気になる点があるとのことでした。それは山田さんの住む自宅の件です。30年近く前に父親が亡くなった際、遺産分割協議書は作成することなく、相続は親族間の口約束のみで行われました。その際、自宅は父親と同居していた山田さんが相続することとなりました。その後ずっと父親の名義のまま住み続けてきました。

数年前に妻も亡くなり、一人娘も独立しており、いまではその家に住んでいるのは山田さんひとりです。山田さんの望みは、自分の死後この家を娘に残したいということです。娘に自宅の権利を100％相続させるためには、父親から山田さんへと所有権の移転登記を済ませておくことが必要となります。そのためには、自宅の名義を父親から山田さんに変更する旨の遺産分割協議書に、親族全員から署名をもらわなければなりません。また、不動産の所有権移転登記申請時に添付する遺産分割協議書には、実印による捺印と印鑑証明書が必要となるなど、かなり煩雑な手続きとなります。

しかし、長年放置していた間に、山田さん以外の父の相続人にあたる親族はなんと13名になっていました。

どういう経緯で相続人がここまで増えてしまったのでしょうか？

山田さんは5人兄弟の末っ子です。3人いた兄は全て死去しています。1人残る姉は老人ホームに入所していますが、認知症などはなく健在です。山田さん以外の相続人の1人はこの姉です。

兄たちの死亡とともに（3人とも配偶者に先立たれていたため）、その子どもたちが遺産分割協議に参加する権利を持つこととなりました。長男、次男、三男にそれぞれ子どもが3名ずつの計9名です。そのうち次男の長女は、次男の死亡後に死亡していました。

次男の長女の死亡により、さらに相続権が引き継がれました。次男の長女は2度結婚しており、前夫との間の子どもが1名、再婚した夫との間の子が2名。その結果、子3名と後夫で計4名が相続人

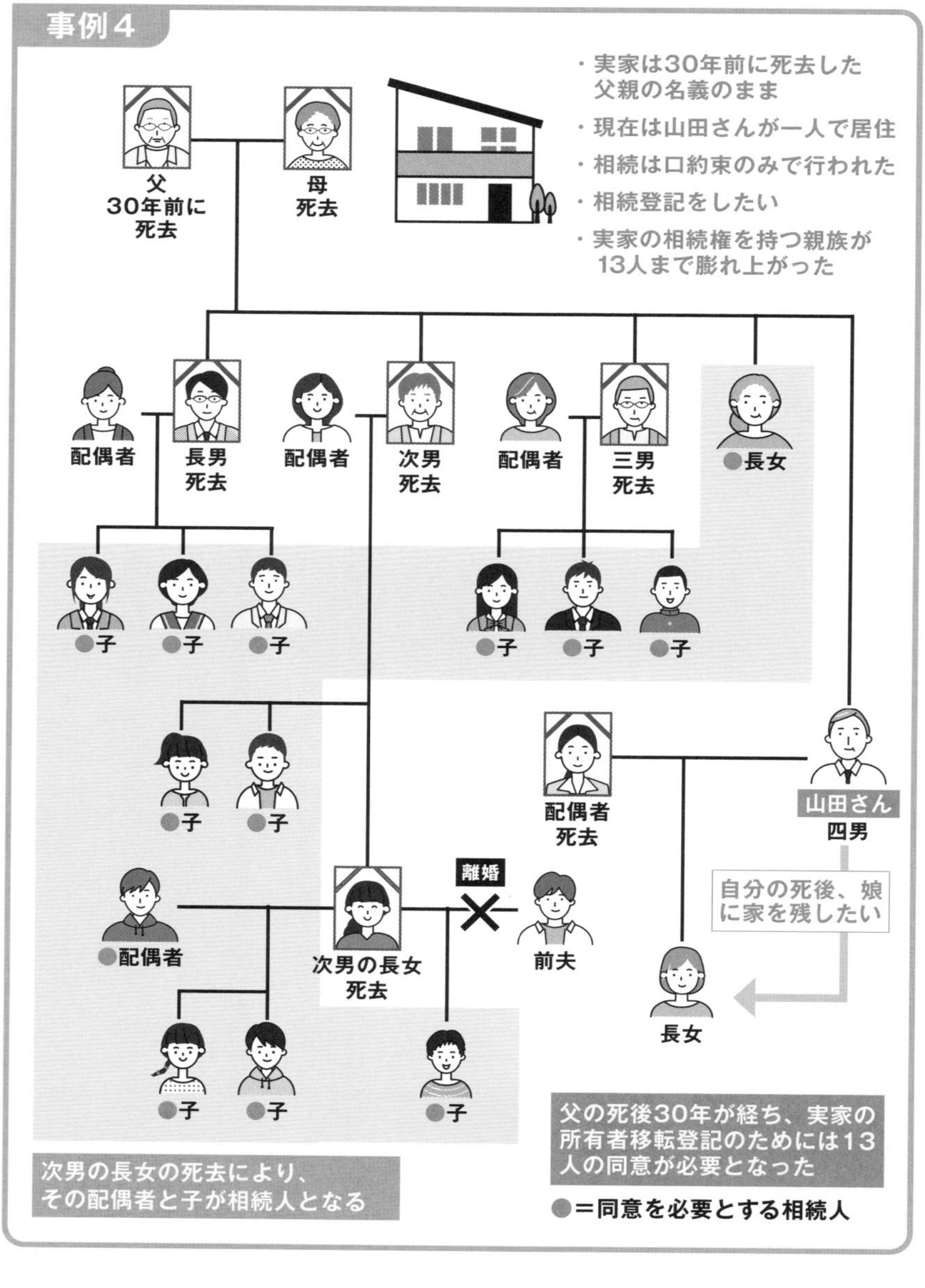
事例4
・実家は30年前に死去した父親の名義のまま
・現在は山田さんが一人で居住
・相続は口約束のみで行われた
・相続登記をしたい
・実家の相続権を持つ親族が13人まで膨れ上がった
父
30年前に死去
母
死去
配偶者
長男
死去
配偶者
次男
死去
配偶者
三男
死去
●長女
●子
●子
●子
●子
●子
●子
●子
●子
山田さん
四男
配偶者
死去
自分の死後、娘に家を残したい
離婚
●配偶者
次男の長女
死去
前夫
長女
●子
●子
●子
次男の長女の死去により、その配偶者と子が相続人となる
父の死後30年が経ち、実家の所有者移転登記のためには13人の同意が必要となった
●＝同意を必要とする相続人

として増えました。

山田さんは以上13人全員と連絡を取り、自宅の名義を自身に変更してもらうための遺産分割協議書の作成に協力を仰がなくてはなりません。しかし、中には完全に交流が途絶えている人もおり、途方にくれて私のところへ相談に来ました。

「父親が亡くなった当時は、相続による不動産の名義変更について、いまほどとやかく言われる時代ではなかったのもあり、まあいいかという軽い気持ちで名義変更をしませんでした。その後、いつかはしなくては…と思いつつも、長らくそのままにしてしまいまして。まさか今になって、自分が長年住んだ自宅を子どもに相続させるだけのことが、こんな難しくなってしまうとは…」

まずは13人全員の住所を調べ、東京、および千葉、埼玉、神奈川の東京近郊に点在していることが判明。その方々に、事の次第を書いた手紙をお送りしました。しかし、その後しばらく待っても、返事のない方も数名おり、予想より難航しそうな雲行きでした。

なんとか全員と連絡がついた後も、次男の長女の前の夫からは、離婚した妻がらみの相続に再婚相手が良い顔をしないとのことで拒絶されました。2番目の夫とは仕事が忙しいとのことで連絡がつかず、徒に時間が過ぎていきました。

どちらも最終的には協力をいただける結果となりましたが、全員のサインがされて捺印が押された遺産分割協議書と印鑑証明書がそろったのは、山田さんから依頼を受けてから実に5ヶ月後となってしまいました。

そして、ようやく揃った書類をまとめて手続きに入る直前に、娘さんから山田さんの訃報が届きました。その後、故人の意思を尊重して、一度、自宅の名義を山田さんに一本化して、その後、それを娘さんが相続するという流れとなりました。手続きには間に合いませんでしたが、生前に書類が揃った旨をお伝えした際は、ご本人も長年の懸念が解消されてホッとしたご様子でした。

この案件には大事なポイントと教訓が含まれています。

固定資産税の通知は亡くなった名義人の名前ではなく相続人に届くために、名義を変更しなくても問題がないと後回しにされがちです。しかし、名義人の死亡時に不動産の相続登記を怠ると、山田さんのケースのように時間が経つほどに名義人になりうる人が増えてしまいます。その結果、いざ名義を変更したいとなったときには権利関係が非常に複雑になってしまう上、相続登記に必要な書類も大量になり、手続きの時間や手間が膨大になる場合があります。

すでに亡くなっている方名義の不動産が増えて、いわゆる空き屋問題など社会問題化が続くに及び、令和6年4月1日より相続登記の義務化が実施されます。法定期日内に登記・名義変更手続きをしないと過料の対象となるようになります。不動産名義に対する意識改善が求められる時代となっています。ご注意ください。

相続登記の放置

山田家のように、不動産の所有者が死亡した後、その不動産の名義変更（相続登記）をせず、そのまま忘れ去られ、5年、10年後に実家の処分が必要になったとき、相続登記を放置していたことを思い出し、慌てる家族からよく相談がきます。相続登記をしなくても、毎年、役所から固定資産税の請求が来て、納税をすれば、特に相続登記を要求されないので、忘れ去られるのも無理はないかと思います。しかし、放置しておくと、本事例の山田家のようにいざ相続登記をしようとしたとき、利害関係者が多く、過分な時間を要するとともに、最悪、居住者のみの名義にできないおそれもあります。その原因をみていきましょう。

数次相続とは

数次相続とは、相続開始後、遺産分割協議を行わないうちにその相続人の1人が死亡してしまい、次の相続が開始してしまうことです。例えば、次ページの家族構成図の家族で、A↓C↓Gの順に亡くなり、不動産がA名義のままでした。A死亡時点の法定相続人は、B、C、E、Gの4名でした。

相続人特定の注意点

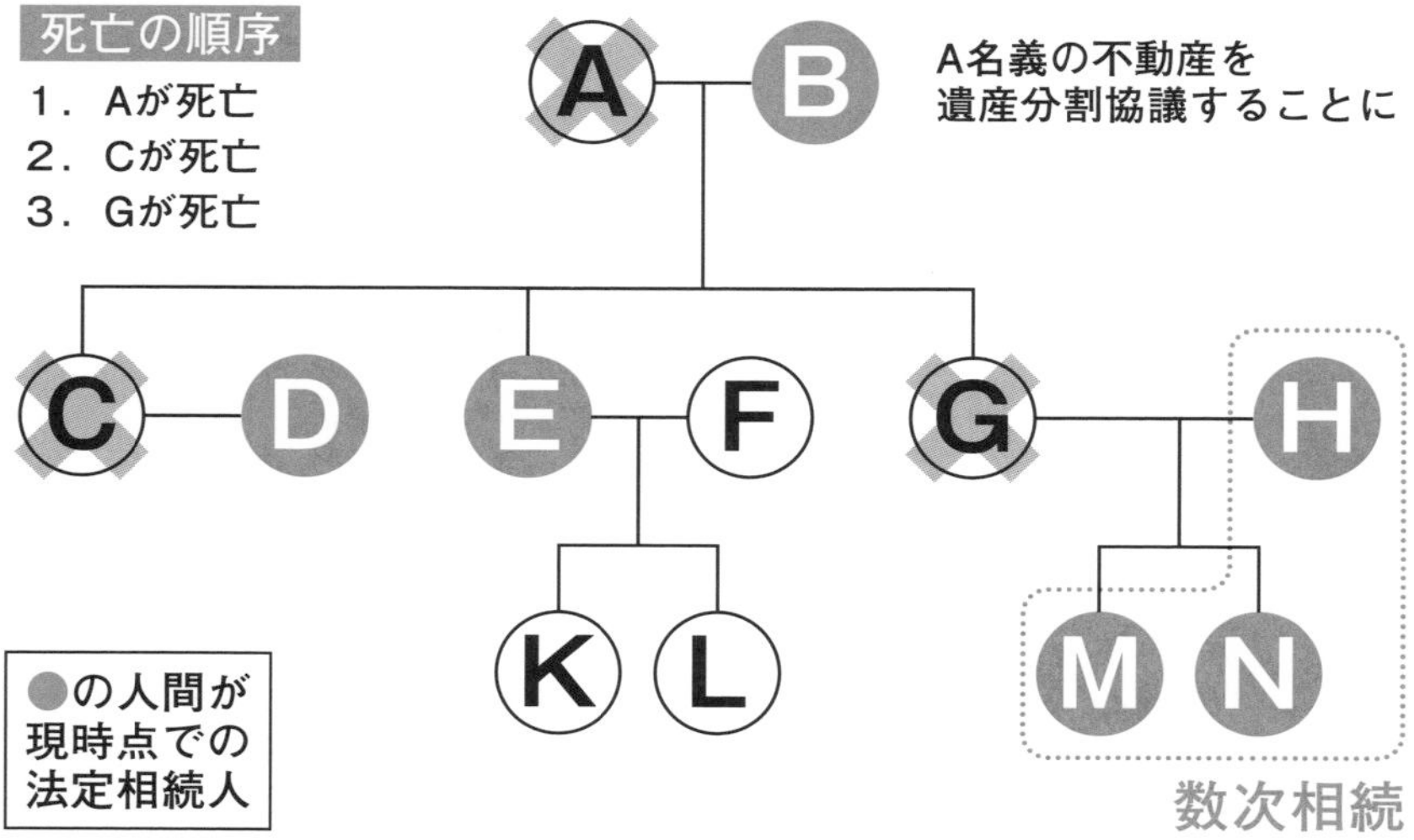

その後、Cが亡くなったことでCの法定相続人としてDが、Gが亡くなったことでGの法定相続人としてH、M、Nがなります。A名義の不動産を遺産分割協議をする際は、Aの配偶者Bと子Eだけではなく、D、H、M、Nも参加する必要があります。

CやGがA死亡時に遺産分割協議に参加する権利を、CやGの遺族が相続したということです。このように、遺産分割協議を行っていないと、相続人が増加するリスクが増えます。

また、この例において、Aの遺産分割協議が成立する前に、Dが亡くなった場合はどうなりますでしょうか。Dの相続人、つまり、Dの両親または兄弟姉妹や甥姪を遺産分割協議に参加させなければならなくなります。

もしかしたら、まったく面識がない方が実家の利害関係人になるかもしれません。面識がなく、これまでまったく交流がなくても、数次相続で相続人に該当する以上は、法定相続分を主張できます。Aが死亡した時点であれば、配偶者と子どもたちだけでしたので、遺産分割協議が円満かつ短期間で終了していたかもしれません。

そのため、亡くなった方が不動産を所有していた場合は、速やかに遺産分割協議をして、相続登記をしましょう。そして、令和6年4月1日以降は、これから説明するとおり、相続登記が義務化されますので、要注意です。

相続登記の義務化

２０２４年４月１日から、相続登記の義務化がスタートします。相続登記とは、被相続人から、相続人に登記の名義を変える手続きです。その背景には、驚くなかれ、全国に九州の面積ほどの、所有者不明の土地があることです（日本の国土面積の約10％）。

国内にこれほどの不動産が、活用することも売ることもできない状況にあります。このような問題を解決することが法改正の目的です。

相続登記が義務化されると、相続登記をいつまでに済ませなければならないのでしょうか？　また、怠った場合にどのようなことが起こるのでしょうか。具体的に見ていきましょう。

相続登記をしないとどうなる？

まず、相続登記の期限は、「不動産を相続したことを知った日から3年以内」です。３年以内に相続登記を怠った場合には、制裁として、10万円以下の過料（刑事罰ではないので罰金ではありませんが、イメージをとらえるために、「罰金」と考えるとよいと思います）が科されることになります。

また、この相続登記義務化は、2024年4月1日以前に発生した相続にも適用されます。そのため、現時点で相続登記がされていない不動産に住んでいるのであれば、他人事ではありません。

○具体例

2022年3月に不動産を相続し登記しない状態でずっと放置していた場合、新しい法律が施行される2024年4月をスタートとして、3年以内、つまり2027年4月までに登記をすることが義務付けられます。

相続登記の方法

●遺言書がある場合

遺言書がある場合は、原則として遺言で指定されたとおり、不動産の名義変更を行います。ただし、一定の条件を満たせば、必ず遺言書どおりにしなくてはいけないわけではありません。その条件は、以下のとおりです。

① 遺言のなかで遺産分割協議が禁止されていない
② 相続人全員の合意
③ 相続人ではない方が遺贈を受ける場合、その者（受遺者）の同意
④ 遺言執行者がいる場合、遺言執行者の同意

以上の条件をクリアすれば、遺産分割協議で決められた内容で遺産を分けることができます。

●遺言書がない場合

遺産分割協議をせず法定相続分どおりに相続登記するか、遺産分割協議をして相続登記するかのどちらかになります。

① 遺産分割協議をしない場合

遺産分割協議をしなくても、相続登記は可能です。その場合、法定相続分の割合で相続人の共有名義になります。この場合、相続人全員で協力が必須ではなく、1名でも相続登記が可能です。ただし、注意点は相続登記の申請時、申請に協力しなかった相続人に対しては、法務局から不動産の権利証が発行されません。

また、この場合の相続登記は、遺産分割協議を経ていないため、暫定的な手続きです。つまり、後日、相続人全員で「長男が単独で不動産を相続する」内容の遺産分割協議がまとまれば、遺産分割協議書によって名義変更することが可能です。

② 遺産分割協議書をする場合

遺産分割協議がまとまった後に行う場合は、遺産分割協議書や印鑑証明書（遺産分割協議書には実印で捺印が必要）などを添付して、相続登記をすることができます。

遺産分割協議で、法定相続人が各自の法定相続分どおりに名義をもつと定め、遺産分割協議書をもとに相続登記をした場合は、上記①と異なり、遺産分割協議時点で不動産の帰属先が確定してます。そのため、相続登記後、相続人全員で遺産分割協議をやり直したとしても、①に比べて不動産登記手続きが煩雑であり、かつ、余計な税金がかかる可能性があります。不動産が相続財産に含まれているときは、慎重に相続人を決めましょう。

相続人申告登記

不動産の所有者が亡くなり、相続人間で遺産分割協議がまとまらず、相続開始した日から3年を経過する可能性もゼロではありません。そうすると、相続登記の義務を怠ったとして、過料が科せられるリスクがあります。そこで、「登記簿上の所有者が死亡したこと」と「自分がその所有者の相続人であること」を法務局に申し出ることで、過料を免れる救済処置も新設されます。先の「遺産分割協議を経ない法定相続分の相続登記」とこの相続人申告登記のどちらかを行えば、過料を回避できます。

所有不動産記録証明制度

今回の相続登記の義務化に関連して、ご自身や故人が不動産登記記録上、名義人になっている不動産の一覧を取得できるようになります。この制度を、「所有不動産記録証明制度」といいます。

普段、私が遺族と初回の相続面談をする際、遺族に故人宅にある不動産権利証や固定資産税の納税通知書を用意していただきます。この2点で故人名義の不動産のあたりを付けます。

しかし、納税通知書は、固定資産税がかからない物件（私道など）が記載されません。そのため、納税通知書のみで所有不動産の確認を済ますと、相続登記の漏れが生じる可能性があります。漏れを防ぐため、別途、市区町村で「名寄帳」という不動産の証明書を取得します。名寄帳の場合、非課税の不動産の情報も記載されます。そのため、故人名義の不動産がどちらの市区町村にあるかを把握していれば、その市区町村内の全物件を特定することは可能です。

しかし、それでも相続登記の漏れが生じる可能性はゼロではありません。１９６０～１９８０年代、土地の値上がりが確実として、地方の山林や原野を売りつける、いわゆる「原野商法」により、不動産を購入した方が亡くなった際、その土地の権利証や売買契約書が見つからない場合が問題です。以前、相続相談で、息子さんが父から生前、秋田県と山形県の県境にある町の山林を購入したと聞いたということで、10を超える市町村に名寄帳の取得依頼をしたことがあります（結果、お父様は山林を所有していました）。このように、手がかりがまったくない場合は、現状では、相続登記の漏れを完全に防ぐのは困難です。

２０２６年4月までに始まる「所有不動産記録証明制度」では、対象者の住所・氏名をもとに日本全国を対象に所有不動産を調査できるようになります。これにより、物件漏れがより防げるようになるのではと思います。

相続土地国庫帰属制度

相続登記が放置される理由の一つに、対象不動産が売却困難であり、名義を持つと自分に責任が回ってくるのではということで名義変更に躊躇されるケースもあります。

そのため、令和5年4月27日から、相続人が不要と判断した土地を国のものにする制度が始まりました。ただし、どんな土地でも国のものにできるわけではありません。

【国に帰属させることができない不動産】

①　建物がある土地（建物を解体し、更地にする必要があります）
②　担保権や使用収益権が設定されている土地（他人の権利を抹消する必要があります）
③　他人の利用が予定されている土地（他人の利用を排除する必要があります）
④　土壌汚染されている土地
⑤　境界が明らかでない土地・所有権の存否や範囲について争いがある土地
⑥　一定の勾配・高さの崖があって、管理に過分な費用・労力がかかる土地
⑦　土地の管理・処分を阻害する有体物が地上にある土地
⑧　土地の管理・処分のために、除去しなければいけない有体物が地下にある土地
⑨　隣接する土地の所有者等との争訟によらなければ管理・処分ができない土地
⑩　その他、通常の管理・処分に当たって過分な費用・労力がかかる土地

以上の条件を満たして、法務大臣（申請窓口は各地域の法務局）が承認したとき、一定の負担金を国に納付することで、国のものにできます。

負担金の具体的金額は、法務省のＨＰ（https://www.moj.go.jp/MINJI/minji05_00471.html）をご参照ください。

例えば、１０００㎡の山林の場合、負担金として26万１０００円を納付する必要があります。

今後は、価値がない土地が相続の対象財産に含まれている場合は、この制度を活用する機会も増えてくるのではと思います。

事例 5

姉妹で介護の手伝いに差があった林家の場合

ポイント

介護への貢献度にかかわらず、姉と妹の法定相続分は同じ割合です。「寄与分」の認定には「特別の寄与」の証明が必要。多く財産を残したい場合は、生前に遺言書の作成を！

林さん一家から受けた、親の介護と相続の関係についての相談です。相談には母親と長女がいらっしゃいました。

林さん一家の家族構成は、父親（74歳）、母親（64歳）、長女（38歳）、次女（33歳）。長女、次女はともに独立して家を出ており、長女は結婚して実家近くに住み専業主婦、独身の次女は上京して都内に就職をして暮らしています。

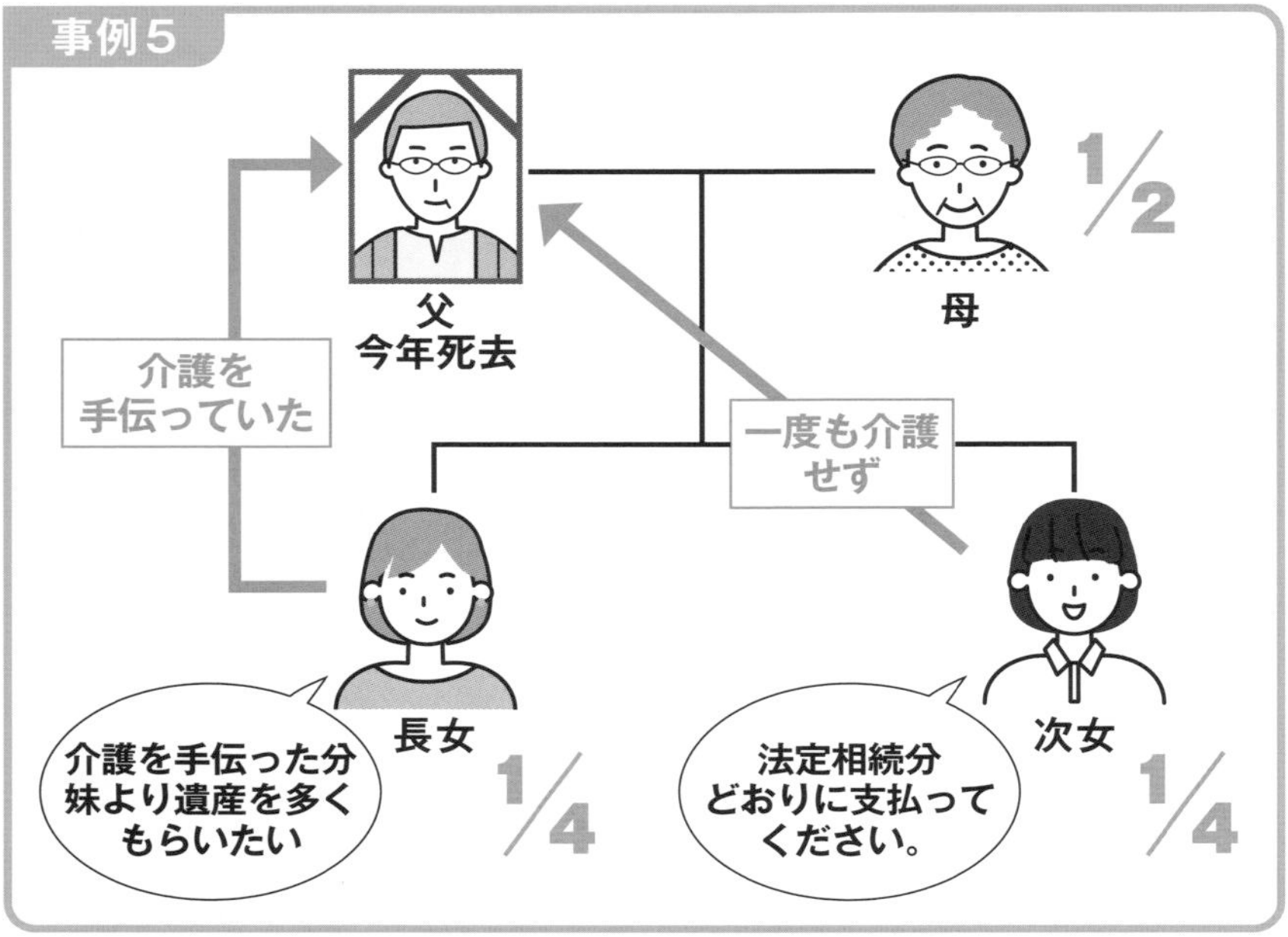

数年前、父親が脳溢血で倒れて自宅介護となりました。訪問介護サービスを利用しながらも、母親と長女が中心となり介護を続けてきましたが、今年、お亡くなりになりました。

林さん宅は都内から電車で2時間ほどの距離であり、都内に住む次女にも仕事が休みである週末の介護をお願いしました。しかし、あれこれと理由をつけてついに一度も手伝うことはありませんでした。それどころか、お盆や暮れも帰ってこず、実家に全く寄り付かない状態でした。父親が亡くなったと連絡をしたものの、ついに葬儀にすら顔を出さなかったとのことです。

葬儀が終わり、バタバタと家の後始末をしている最中、実家に次女に雇われたという弁護士から連絡が来ました。用件は、実家の財産の内訳を明らかにしてほしい、法定相続分25％の確約、さらに、今後妹への連絡は全て弁護士を通すように、というもの。

「父親が倒れて以来、一度も介護もせず家にも寄り付かず、葬儀にすら出ないのに、いったいどうしてそんな考えになるのかと不思議でなりませんでした」

怒りにかられた長女は、本人と話さないと話にならないと、次女の携帯に電話をかけました。しかし、何度かけても留守電になるばかり。すると次女の弁護士から「連絡は私を通してとあれほど言ったじゃないですか！」と怒りの電話が入りました。

実は、母親と長女は、父親の介護に貢献した分、長女の相続取り分を次女より多くできないかと私と弁護士に相談をしていたところでした。そこに次女から先手を打たれる形で連絡がきたのです。

まずおふたりに、長女が求めているのは「寄与分」という制度であると説明いたしました。被相続人の介護は、寄与分の範疇に入ります。

しかし、介護が寄与分として認められるハードルは一般に思われているよりもずっと高いもので、「特別の寄与」があったことを証明する必要があります。

長女は数年間介護をしていたといいましても、実家を訪れるのは週平均3日ほど、時間的にもヘルパーが帰った後の数時間でした。その他、時間が合った折に病院への付き添いを手伝ったりしていたとのことです。

「特別な寄与」には、ほぼ毎日長時間の介護を行っていたというように「継続性」と、介護にかかりきりであったといった「専従性」が求められます。またその介護によって、ヘルパーなどに支払うお金が明らかに減り、財産の維持や増加に貢献していることを証明できることが条件となります。

結論から言って、弁護士から長女のケースは寄与分と認められる可能性はほぼない旨をお伝えしました。

そして、もし介護に貢献した分、長女に多く遺産を残したいのであれば、父親の生前に遺言書を残すべきであったと説明いたしました。おふたりは、長女と次女とが同じ法定相続分であることに納得がいかないご様子でした。しかし、反省点として今後に活かそうとのことで、母親にもしものことがあったときのために、早めの遺言書の作成を検討されるとのことでした。

「寄与分」という制度

通常は、法律で決められた相続分（法定相続分）にしたがって遺産を分けることが基本です。しかし、相続人の中に、仕事を辞めてまで被相続人の介護に従事してきた人がいる場合、その人の貢献を評価しないで法定相続分で遺産を分けてしまうと不公平になることもあります。

そこで、被相続人が亡くなる前に、被相続人の財産の維持や増加に貢献した場合に、他の相続人よりも相続財産を多く分けてもらうことができる制度があります。

寄与分が認められる5つの条件

寄与分が認められるためには5つのポイントがあります。林さんの長女の場合はどうだったのか、1つずつ見ていきましょう。「○」は条件に当てはまると言えるもの、「×」は当てはまらないものです。

ポイント1　相続人であるか＝○

寄与分が認められるのは、「法定相続人のみ」です。林さんの長女の場合は該当します。

ちなみに、介護の多くのケースで息子ではなく、「義理の娘」が介護するようなケースが見られることから、民法が改正され、２０１９年7月1日から「被相続人の相続人ではない親族」も寄与分が認められ、相続人に対して寄与度に応じた金銭（＝特別寄与料）を請求できるように制度が変わりました。

この特別寄与料が請求できるのは相続人以外の被相続人の「親族」です。民法では、親族を6親等内の血族、配偶者、３親等内の姻族と規定しているので、先の「義理の娘」（息子の妻）も３親等内の姻族に該当し、請求できる可能性があります。注意すべきは、特別寄与料が認められた場合、その特別寄与料も相続税の対象になりますので、ケースによっては相続税が課税されます。この場合、相続税の2割加算の対象になります。

ポイント2　財産の維持または増加に貢献する行為に専念していたか＝×

仕事を辞めて介護に専念し、本来、介護ヘルパーに依頼せずに済んだ場合のように、被相続人の財産の「維持または増加に貢献」することに専念していたかどうかです。片手間にその行為を行っていたと評価されると、認められません。たしかに林さんの長女の場合は週に3日といっても、林さんの精神的な支えとなったことでしょう。しかし、残念ながら介護に専念していたとは認められる可能性が低いでしょう。

ポイント3　期待以上の特別の寄与であること＝×

通常期待される程度を超えるだけの貢献があってはじめて寄与分が認められます。法律上では夫婦間には協力扶助義務があり、親子間と兄弟間には相互扶養義務があります。たしかに介護は時間的、精神的、肉体的にも大変なことです。しかし、長女が実行した介護は、親子なら通常期待されるレベルとして、「特別な」寄与とは認められないでしょう。

ポイント4　無償ないし無償に近い行為を行ったこと＝○

家族の間の介護で、報酬が発生することは考えにくいと思います。このケースでは奥様と長女が「少しでも長女が多く相続できるように」としたのも、介護中には特に報酬を得ずに介護をしていたことを物語っています。そのため、この条件には当てはまると言えます。

ポイント5　継続性のある行為であること＝×

継続性があるとされる目安は、約3年と言われています。その点では継続性があると言えますが、「週に3日程度」では仮に3年以上といっても継続性があるとは言えません。

「寄与分」が認められる行為

財産の維持・増加に貢献ということであれば、介護に限りません。では、どういう行為だと寄与分が認められるのでしょうか。

①家事従事型

被相続人の家業を手伝っていた場合が家事従事型に当てはまります。例えば被相続人が経営している雑貨販売店を相続人である息子が30年間、無給で手伝った場合などです。

②金銭出資型

例えば、被相続人が住むための不動産を購入する資金を提供していた場合、金銭出資型に該当します。ただ、同じような出資でも、被相続人が経営する会社への出資では、間接的には被相続人の貢献になっていると評価はできそうですが、あくまで会社への貢献ですので、寄与分が認められません。

③療養介護型

被相続人の介護療養をした場合で、林さんの長女の場合はこれに該当します。

繰り返しになりますが、寄与分と認められる行為は、上述の通り「特別の寄与」である必要があるので、被相続人が寝たきりになり、亡くなるまでの3年間にわたって息子が仕事を辞めて24時間介護するような場合です。その結果、「本来介護職員を雇った場合に発生する支出である200万円を削減した」といった事実がある場合などです。

④扶養型

被相続人の生活の面倒を見た場合（扶養した場合）、扶養型に該当します。

例えば、被相続人がけがや病気により仕事ができずに収入がないため、生活費の全額か大半を負担していた場合などが該当します。

⑤財産管理型

被相続人の財産を管理することで財産の維持・増加に貢献した場合がこの型にあたります。

例えば、被相続人が賃貸アパートを一棟所有していて、その清掃や管理を通じて物件としての価値の維持をしていた場合です。ただし、「管理をしていました」といっても、実際には管理会社が賃貸不動産を十分に維持・管理しているところに時折顔を出すとか、機器の点検の際に顔を出す程度では認められません。

ここではどのような類型があるのか、5つのパターンを見てきました。ただここで言えることは、先に記したポイントを満たしている必要があるでしょう。「数回だけ」「実は妥当な報酬を得ていた」という事実がわかれば、当然に認められないということです。

寄与分を主張するタイミング

では、これまでみてきた寄与分のポイントに全て当てはまったとして、どのタイミングで寄与分を主張するのでしょうか。寄与分の主張は、あくまで相続後であり、遺産分割協議のタイミングです。遺産分割協議時、ある相続人が一方的に寄与分を主張したら、他の相続人はどう感じるでしょうか。その相続人の献身性に感謝し、その苦労を報いたいと思っていた相続人も、本人自らがアピールしたら、気持ちが冷めるばかりか、中にはその寄与分の主張を認めたくないと態度を変えることもあるでしょう。

そのため、遺産分割協議時に、寄与分の主張をすると、感情的な対立を招き、争族が生じる危険があります。寄与分は、法律で画一的に認められるものではないので、当事者に納得してもらう必要があります。折り合いがつかなければ、裁判所の調停や審判に委ねざるを得ません。

そのため、林さんの母親のように、息子や娘の献身的なサポートに対しては、親御さんが生前に遺言書で評価してあげる必要があります。

事例 6

積年の感情的なしこりが相続の場で爆発した栗原家の場合

ポイント

特別受益にあたるかどうかの条件の一つとして、生前贈与を受けた対象者が相続人である必要がある。

父親が逝去し、遺産分割協議を始めたときに争いが起こった栗原さん家族から相談を受けました。長男と長女の間で意見の食い違いが生じたとのことでした。当初、家族内で話し合いをして解決をしようとされていたようですが、お互いの溝を埋めることができず、それが感情的な衝突に発展。話がもつれたまま数ヶ月が経ち、相続税の納付期限も迫っていました。

家族構成は父親（享年78歳）、母親（76歳）と長男（52歳）、長女（50歳）です。父親の主な資産は自宅（4000万円）と預貯金（3000万円）。自宅不動産のローンは生前に完済しておりました。

事例6

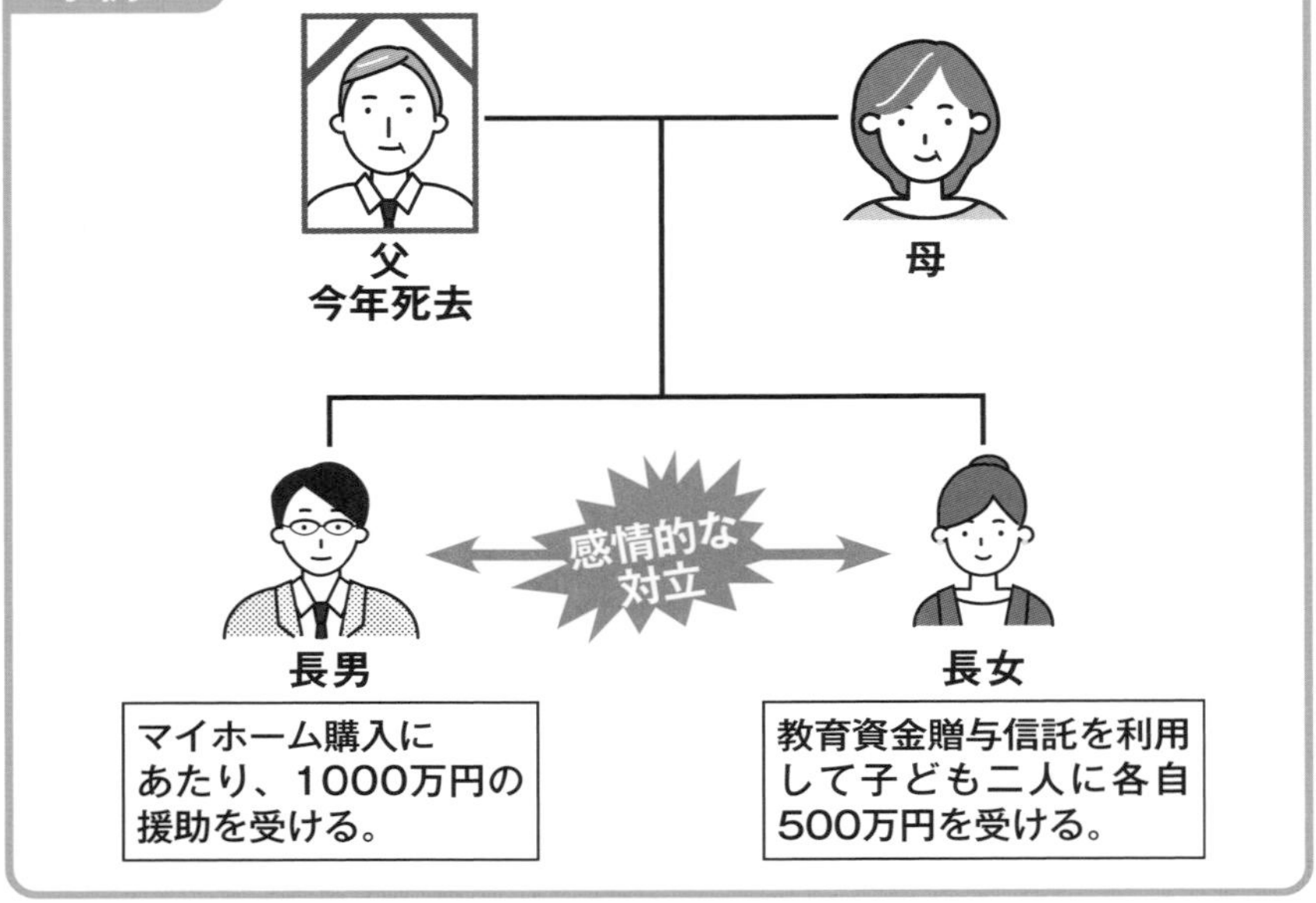
父
今年死去
母
感情的な
対立
長男
長女
マイホーム購入にあたり、1000万円の援助を受ける。
教育資金贈与信託を利用して子ども二人に各自500万円を受ける。

生前、父親は証券会社に勤務しており、生活はかなり良いほうだったといいます。兄の長男と妹の長女には、何かにつけて援助を行ってきました。結婚した長男はマイホームを購入するにあたり、１０００万円の援助を受けていました。長女も子ども2人の学費のため、教育資金贈与信託を利用して各自５００万円の贈与を受けていました。

では何が諍いの原因になったのかといえば、小さい頃から兄のほうが父に優遇されてきたという妹側の心情的な不満でした。兄ばかり可愛がられ、自分は大事にされてこなかったという思いがあり、それが相続の場面で噴出してしまったのです。

高校進学時、長男は良い学校に行けるよう父と母が必死にサポート。自分がテレビを観ながら大笑いしただけで「お兄ちゃんがお部屋で勉強してるんだから」と両親に注意され、いざ自分が受験というときは長男ほど気を遣ってもらえなかった。細かなことですが、そんな長男と長女の優劣が、成長するまでずっと続いていたと長女は思っていました。

両親が海外旅行に行く際も、長男夫婦が一銭も出さずに一緒に行っており、自分は声も掛けられなかったこと。父が大病を患い、長期間入院していたときは、母を連れて週3回お見舞いにいっていたのですが、長男は忙しいの一点張りで、あまりお見舞いにも来なかったと不満を吐露しました。

他人から見れば些細な事柄に見えるのですが、長年一緒に暮らしていた家族だからこそ、この小さな優劣の差の積み重ねが、導火線になったのです。

父としては息子と娘を平等に扱ってきたつもりでした。息子側に1000万円を援助した一方で、娘の子どもたちの教育資金を同額援助し、金銭面でも対等に対応しました。ですが、長女のなかで長年蓄積してきた小さな不満はくすぶったままでした。

「俺、長男なのに、取り分妹と同じ額なの!?」話し合いの場で、そう軽々しく長男が吐いた言葉が、長女が抱く長年の不満を爆発させる結果になりました。

相続への無知から出た言葉でしたが、怒りに火がついた長女は「ヒイキされてきたのに何その言い方！」と激怒。その場で言い争いが始まり、過去の恨みを延々とぶつけたそうです。母に止められ、兄妹喧嘩は一旦治まったものの、そのときの開き直った兄の態度が妹の怒りを助長してしまい、一大事になりました。

妹が相続に関する本を読みあさり、たどり着いたのが「特別受益」でした。次の話し合いの場で、これを兄にぶつけました。兄がマイホーム購入時、父から援助を受けた1000万円が特別受益に該当すると言って、その1000万円分を相続財産に組み入れて分割の話し合いをすることを主張したのです。これに兄は怒り心頭で「お前だって娘の教育資金だなんだって、同じ額の援助を受けてただろ!」と猛反論。対等の立場だと言う兄ですが、その主張が通らないことを妹は知っていました。特別受益にあたるかどうかの条件の一つとして、生前贈与を受けた対象者が相続人である必要があります。長女の場合、父から援助を受けたのはあくまでも長女の子2名であり、長女の子は相続人ではありません。長女本人は、兄のマイホーム購入時のような資金援助はいっさい受けていなかったのです。そのため、今回、特別受益に該当する贈与は、長男のみとなりました。結果、遺産分割協議では相続財産は4000万+3000万+1000万(長男のマイホーム購入時に受けた贈与分)となり、母が自宅(4000万)を、妹が預金2000万、兄が預金1000万円を相続することになりました。長男は生前に父から1000万円の贈与を受けていたので、その分が減額となりました。

この相続で、兄と妹の関係は完全に途絶えたそうですが、妹は小さい頃からの遺恨を晴らせたと清々しい気持ちとのこと…。

父としては平等に子どもたち家族に資金援助したつもりでしたが、結果的に遺産争いが起きてしまいました。遺言等で長男への贈与に関して持ち戻しの免除をしていれば、こんなことにはならなかったかもしれません。

「特別受益」という制度

遺産相続の際、通常は法定相続分にしたがって平等に遺産を分けていきます。ただし、今回の栗原さんのケースのように生前に何らかの形で贈与を受けていれば、他の相続人が不公平を感じてしまうことが少なくありません。

そのような不公平が生じないように、公平に相続財産を分ける制度が「特別受益」です。特別受益は相続人の中に被相続人から特別な利益を受けた人がいる場合に、その相続人の受けた利益のことをいいます。

それでは、どのような場合に特別受益に該当するのでしょうか。

特別受益に該当する3つの贈与

特別受益には「生前贈与」、「遺贈」、「死因贈与」の3つがあります。今回の栗原さんのケースでは、長男がマイホームを購入する際に受けた援助は生前贈与に該当します。

●生前贈与

かつては「婚姻、養子縁組のための贈与」もしくは「生計資本のための贈与」が特別受益にあたると言われていましたが、現在は慣習的に「遺産の前渡しと判断できるか」が重要視されています。新郎側が負担する結納金や、結婚式の費用は生前贈与に含まれない、という見方が多い一方、女性側が負担する結婚の際の持参金や、嫁入り道具は生前贈与に含まれる、という判断がされることがありま す。ただ、これらに関しても金額が少額の場合は特別受益にあたらないという考えもあり、相続人と被相続人との関係や、生活の状況によって総合的に判断される、と考えておいたほうがよいでしょう。

また、生計資本の贈与とはすでに独り立ちして被相続人に扶養義務がない相続人への高額の贈与のことをいいます。例えば、マイホーム購入資金の援助や事業の援助などが該当します。ただし、相続人が学生である場合など被相続人に扶養義務がある場合は、その援助額が扶養義務の範囲内であれば特別受益にはあたりません。

●遺贈

「遺贈」は遺言書で「長男に土地を贈与する」などと決めている場合の贈与のことをいいます。この贈与を受ける人が相続人であれば特別受益にあたります。贈与を受ける人が相続人である場合は特別受益にあたります。

●死因贈与

「死因贈与」は生前に被相続人が「私が死んだら○○に△△を贈与します」と契約したものを指します。また、死因贈与は契約書面を交わす必要はなく、口約束でも成立し、当事者同士の意思の合致があれば問題ありません。そのため、トラブルになりやすいため、予め書面を残しておくことが肝要です。また、遺贈であれば遺言書を書き換えることで撤回ができますが、死因贈与の契約が「贈与をする代わりに普段の生活の面倒を見てもらう」などの契約内容が実行されていれば撤回することは難しくなります。

特別受益の例外

まず、相続人以外の人が生前に贈与を受けても特別受益にはなりません。例えば、相続人ではない孫に財産を渡すなどがあります。本事例の長女が主張したのは、まさにこの点でした。

ただし、金額次第では相続人が本来分配されるべき財産を侵害しているとして遺留分侵害額を請求されるケースも存在します。

配偶者に対しての特別受益の例外として「おしどり贈与」という制度があります。おしどり贈与は贈与税の非課税制度として定められており、20年以上をともにした配偶者に居住用の住居を購入するための資金を贈与しても、基礎控除額110万円以外に最大2000万円までが非課税となります。

さらに、状況によっては大学の学費も特別受益の対象にならないことがあります。扶養義務の範囲と言えるかは各家庭の経済状況や社会環境によって変わりますが、相続人の中でほとんどの人が大学の学費の支援を受けていた場合は特別受益にはあたらないと考える人もいます。他の相続人との兼ね合いによる判断になるため、生前に確認しておくか家族で決めておくと良いでしょう。

特別受益は返金する必要はないが、「持ち戻す」必要がある

特別受益が判明した際、「その金額を返さなければならないのか？」と考える人もいるかもしれませんが、返金する必要はありません。特別受益は相続財産に「持ち戻し」ます。

「持ち戻し」とは相続時の遺産に特別受益分を含めることです。栗原さんのケースで考えると、例として相続財産を7000万円とし、長男がマイホーム購入時に援助を受けた金額は1000万円です。「持ち戻し」とは、相続財産7000万円に、長男の特別受益分1000万円を組み入れることです。そして、組み入れた後の相続財産（8000万円）を、みなし相続財産といい、この財産額を基準に法定相続分に応じた財産額を算出します。法定相続分は母親が半分、長男と長女が1／4ずつですので、母親が4000万円、長男長女は2000万円ずつとなります。ただし、長男は生前に1000万円を受け取っているため、2000万円から特別受益分の1000万円を引く必要があります。したがって、長男が今回の遺産分割協議で受け取ることができるのは1000万円となります。

「特別受益」がある場合の計算方法

「長男の開業資金に1000万円の支援をした」を事例に、具体的に計算してみましょう。

【例】

井上さんの相続財産は2000万円。被相続人は妻と長男、次男の計3人です。そして、井上さんの生前、長男が開業資金として1000万円の支援を受けていました。

まずは、開業資金の1000万円を相続財産に持ち戻す、つまり加算する必要があります。すると、

2000万円＋1000万円＝3000万円

相続財産を3000万円で計算する必要があります。これを法定相続分にのっとり分配すると、

妻：1500万円（1／2）

長男：750万円（1／4）

次男：750万円（1／4）

となります。ただ、先に書いたように、長男は開業資金としてすでに1000万円受け取っています。そのため、長男が受け取れるのは

750万円－1000万円（開業資金）＝マイナス250万円

になります。

長男は、特別受益の持ち戻しの結果、250万円をもらいすぎた結果になりました。しかし、長男はこの分を返還する必要はありません。

一方で、妻と次男が受け取れる金額の合計は、2250万円です。しかし、相続時の遺産総額は2000万円です。分配原資が250万円不足します。このように特別受益の計算をした結果、分配原資が不足する場合は次の計算方法により、分配することになります。

① 持ち戻しの結果、相続額がマイナスになった相続人（長男）を除いた相続人（妻と次男）の相続分の比率を出す。

妻1500万円：次男750万円のため、比率は妻2：次男1です。分数にすると、妻が2／3、次男が1／3。

② 相続時の遺産総額を①の比率で分配する。

妻：2000万円×2／3＝1333万3333円
次男：2000万円×1／3＝666万6666円
これが、実際に妻と次男が相続できる金額となります。

特別受益の持ち戻し免除

特別受益の持ち戻し免除とは、遺言者（被相続人）が、特定の相続人に財産を多く分け与えたいと考えていたときに、「過去の贈与や遺贈を加味しないで、残った遺産だけを遺産分割の対象としてほしい」と相続人にお願いする制度です。

先に触れた特別受益の制度は、相続人間で公平な遺産分割をしてもらうために、「過去の贈与や遺贈もすべて含めた上で遺産分割すべきこと」を要請するものです。

これに対し、「特別受益の持ち戻し免除」は、遺言者の意思を尊重するために設けられた制度で、「特別受益」とは相反する制度です。

いうなれば、「特別受益」で相続人間の「公平」を維持し、「特別受益の持ち戻し免除」で遺言者の意思を尊重していると言えます。

特別受益の持ち戻し免除をするために

持ち戻し免除の意思表示の方式にあたっては、遺言書のような形式的な要件はありません。次の二つの意思表示方法があります。

(1) 明示の意思表示

明示の意思表示とは、被相続人が特定の贈与について、持ち戻しを免除するという書面を作成して残しておくことです。書面は遺言書でも、そのほかの書面でも構いません。

必要なことは、贈与財産を特定し、その財産を贈与した事実と「持ち戻し免除をする」ことを記載しておくことです。

(2) 黙示の意思表示

先に書いたとおり、持ち戻し免除の意思表示には「形式的な要件はない」のです。つまり、書面で残すことが要件とはされていません。したがって、書面で残されていない、つまり「黙示の意思表示」でも持ち戻し免除が認められることもあります。ただし、それぞれの事案における事情を総合的に考慮して認定されます。

以下のようなケースが認められる事例です。

●贈与の見返りが被相続人になされている

例：被相続人の介護面倒をすることが条件

●相続人が相続分を超えた財産を必要とする事情がある

例：相続人が傷病により独立した生計を営むことができない場合

「公平」、「遺志」のどちらを取るか?

どちらを優先するのが良いのか、意見が分かれるのではないでしょうか。よその相続なら「やはり故人の財産だから、故人の遺志を尊重すべき」と言えるかもしれませんが、当事者で、しかも特別受益を受けていないなら「自分も（生前に）いくらかほしかった」と思うのが自然です。

「相続」は話題にしづらいですが、やはり円満な解決には生前の話し合いや、揉めないように書面に残すことが大切ですね。

事例

7 兄弟で共有名義となった実家を売却せざるを得なくなった八木家の場合

ポイント

父親が亡くなったときに土地と自宅を均等に相続した兄弟。次男が介護していた母親が亡くなった後、長男は次男に不動産の所有権を買い取るように伝える。応じなければ競売にかけられる可能性も出てきました。

ご両親が亡くなった後、実の兄と相続の件で揉めているという八木さんから受けた相談です。

八木家の家族構成は、父親（享年72歳）と母親（享年70歳）、長男（44歳）、次男である八木さん（42歳）の4人家族でした。

3年前に父親が交通事故で亡くなり1度目の相続が行われました。預貯金と投資信託などの金融資産、約4000万円を配偶者である母親が相続し、自宅の不動産の所有権を長男である兄と次男であ

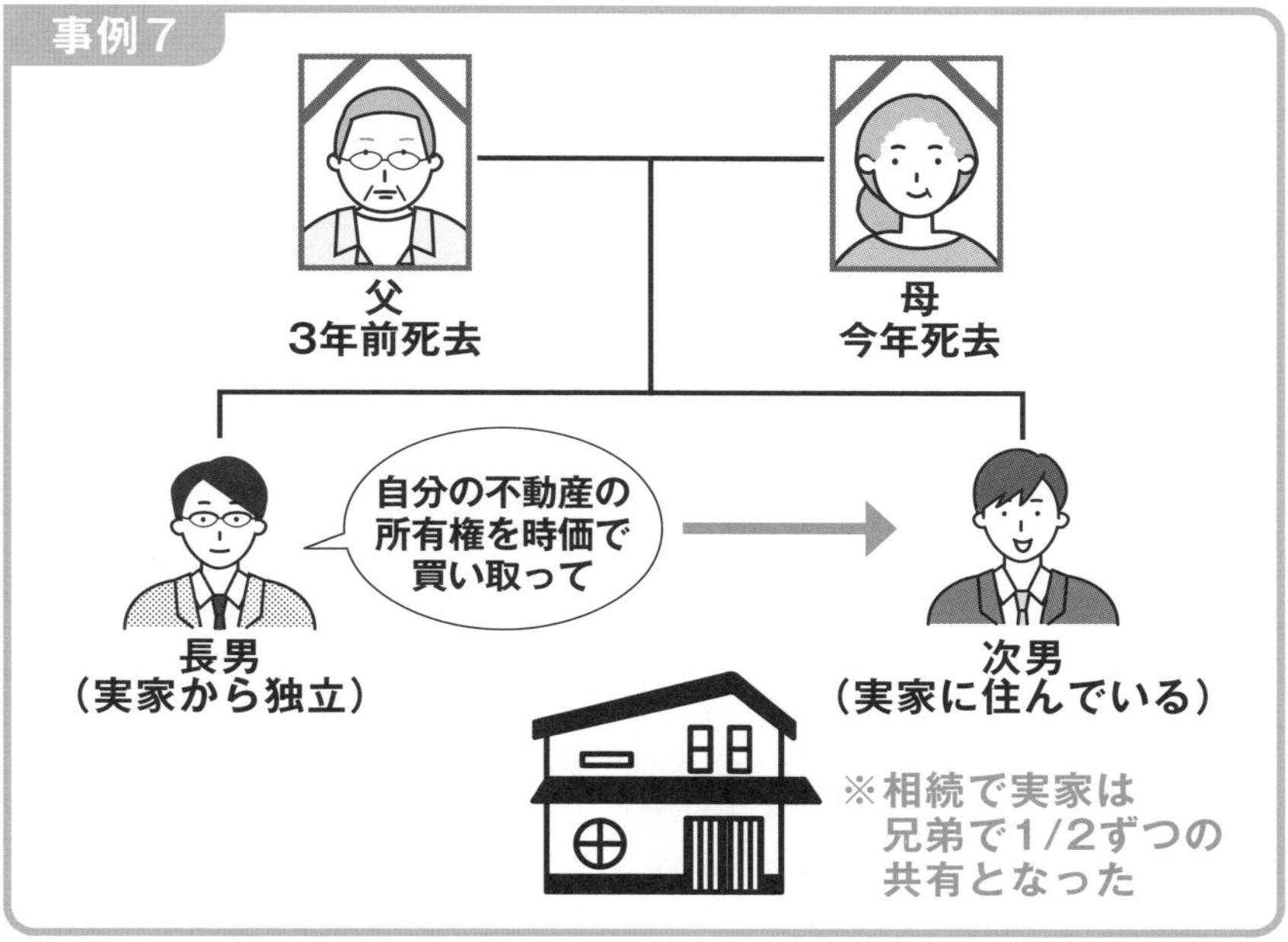

る八木さんが1／2ずつ相続しました。土地と家を息子たちに残したいという故人の意思が反映された結果とのことです。

父親の死後、実家暮らしを続けていた長男と八木さんでしたが、徐々に八木さんの中に長男に対する不満が溜まっていきます。

「兄が実家暮らしを続けていたのは、両親を支えるというよりは一人立ちできないままに寄生しているといった感じでした。俗にいうパラサイトシングルです。ギャンブル癖があり、親が借金返済をしたりといったことも幾度かあったようです。僕自身もいまだ独身ですが、成人後は月々、家賃と生活費を入れてきました…。兄は一度として入れたことがないと聞いています」

問題の根本には、八木さんと長男との長年積もった感情のもつれがあるようでした。

父親の死後、たがが外れてしまったのか、長男は派遣の仕事を辞めてパチンコ漬けの生活になりました。そしてある日、将来を心配して小言の出る母親とぶつかり、家を出て行ったそうです。

「家にいても、年老いた母親の面倒を見るわけでもなかったので、実家を出ていったこと自体は特に問題はありませんでした。ただ母親は、そんな兄のことを最後まで心配し続けていました。亡くなる一年ほど前からは、母親は介護が必要な状態でしたが、兄は実家に寄り付かず、全く介護を手伝おうとはしませんでした」

父親の死から3年後、母親もお亡くなりになりました。母親のタンスを整理したとき、母親の遺言書を発見しました。内容は、母親名義の財産（預貯金など金融資産）約３５００万円のうち、40％を長男が相続、60％を次男である八木さんが相続する、という内容でした。

「兄が出て行った後もひとり母親の介護を続けていたことに対しての、母親からの感謝の気持ちがその10％に込められているように感じられたんです」

葬儀が終わり2ヶ月ほど経った頃、長男に雇われた弁護士がやってきました。その2週間前に、その弁護士から、母の相続に関する問い合わせがあったので、母の遺言書について教えていました。

「(長男は）遺言の件は了承をしていらっしゃいます。ただし、現在、すでに自分は実家を出ているので、（長男の持つ）実家不動産の所有権を、時価で、弟さんに買い取ってほしいとのことです」

不動産の価格は相続時より上がっており、総額で６０００万円、兄弟それぞれが持つ１／２も

3000万円となっていました。弁護士は、もし買取に応じられないのであれば裁判となり、結果、競売にかけられる可能性もあると一方的に告げたそうです。もちろん八木さんとしては納得がいきません。

「僕としては両親から残された実家の家を売らずに、住み続けたいという気持ちもあります。しかし、母親から相続した現金と個人の貯金を合わせても、僕には3000万円の現金など用意することができません…。直接、兄と話ができれば、これまでいろいろあったが血のつながった兄弟ですから、自分の気持ちを理解してくれるのでは」

その後、長男と直接の連絡が取れないままに時間が過ぎ、困り果てて私のところに相談に来られた次第でした。

八木さんの話を聞き、問題点を整理しました。まず、大きな問題が、長男が一刻も早い現金収入を求めていること、時間をかけての実家の売却を求めていないこと、さらに長男と直接連絡が取れないことです。実家不動産に住み続けるためには、まとまった現金を用意する必要があります。

八木さんとしては、父から引き継いだ不動産を巡って長男との裁判沙汰になることと実家を手放すことを避けたい気持ちが強いとのことでした。

そこで、八木さんは、長男の弁護士に対して、近隣の家賃相場を算出して、家賃相当分を毎月支払うことで住み続けることができないか打診しました。しかし、答えはNOでした。また、八木さんは銀行借り入れも検討しましたが、無職だったことから貸してくれる金融機関はありませんでした。

結局、八木さんは、長男の弁護士と共同で自宅を売却せざるを得ませんでした。兄弟間の裁判に発展することは避けられましたが、八木さんは思い出のある実家と、兄弟間の心の絆を失うことになってしまいました。

息子兄弟に実家不動産を残したいという親の気持ちが、結果としては兄弟の気持ちの分裂を生み、実家も他人の手に渡ってしまうという結果につながってしまいました。共有名義の難しさを感じさせる一例です。

遺産分割協議

故人が遺言書を残していなかった場合、遺産を相続するためには、相続人全員で協議（遺産分割協議）することになります。遺産分割協議をする際、各財産をどのように分けるべきか悩む遺族が多いです。ここでは、遺産分割の４つの方法を紹介していきます。

1　現物分割　各財産をそのままの形で分配する方法

不動産は長男、預貯金は次男、有価証券は三男などそれぞれの財産を各相続人へ分配する方法です。預貯金１５００万円を長男、次男、三男で各自５００万円に配分したり、1筆の土地を2筆に分筆して、長男と次男1筆ずつ相続する場合もこちらの方法になります。また、夫が亡くなり、妻と子どもの遺産分割協議で、妻の今後の生活のため、妻が全ての財産を相続するという場合も現物分割です。

メリット

相続財産を各相続人が単独で相続する形のため、手続きがシンプルで、財産を売却する必要もなくそのままで分配することができます。

デメリット

不公平な分割になる可能性があります。例えば、不動産（2000万円）と預貯金（1000万円）が相続財産で、長男がその不動産に居住している場合、現物分割を採用し、長男が不動産、次男が預貯金を相続することになりますが、兄弟間で1000万円の差が生じます。

そのため、相続財産のなかで不動産が大部分を占める場合は、不動産を相続する相続人以外の方が納得しない限りは、現物分割を採用することが難しいです。

2　共有分割　相続財産を共同で相続する方法

相続人で財産の全部、または一部を共同で所有する方法です。本事例八木さんのお父さんの遺産分割協議は、自宅を長男と次男で50％の割合で共有することにしましたが、まさにこの共有分割に該当します。

メリット

不動産のように分割が容易ではない財産を公平に分けることができます。遺産分割協議時に、財産を売却する必要がなく、そのまま残すことができます。

デメリット

共同所有のため、リフォーム、賃貸、そして売却をする際、共有者の過半数または全員の同意が必要で、単独で意思決定ができないことになります。また、共有者の誰かが死亡した場合、その方の相続人と共有する可能性が高くなり、利害関係者が増加していくリスクがあります。

相続人同士が仲が良かったり、同居していたりする場合、こちらの方法を安易に採用する家族が多いのですが、本事例の八木さんのように共有不動産の処遇を巡り、将来、紛争になるおそれがあります。共有分割は、遺産分割を円満に終了させる手立てだと感じますが、いずれは共有財産をどうするかを決めるときが来ます。その決断するタイミングで、兄弟姉妹が当事者であれば、自分たちが問題を先送りしたのでまだ納得いただくほかありませんが、次の世代が親が残した問題に苦労するケースを多くみてきました。共有分割を採用する際は、共有財産の行く末を決めたうえで採用してください(不動産の共有状態の解消については、本事例解説の後半に記載します)。

3 換価分割 財産を換金し、現金で分割する方法

不動産などの分割しにくい遺産の場合、その遺産を売却して、換金後の現金を相続人で分配する方法が、この換価分割です。

メリット

先の現物分割とは異なり、相続人間で公平に分割することができる。
共有分割とは異なり、将来的な問題を後に残さなくて済む。

デメリット

換価対象の不動産に居住する相続人が引っ越しを余儀なくされる。
換価する手間がかかり、利益に税金もかかる。

換価分割による不動産売却

相続人間で不動産を換価分割すると決まった場合、不動産売却の前に相続登記が必要になります。故人名義のまま不動産を売却することができないということです。

相続登記をする際、誰を名義人にすればよいのか。よく質問されますが、名義人は2パターンあります。

①相続人全員の共有名義

不動産売却後、売却金を受け取る相続人全員がその受け取る売却金の割合に応じて相続登記をする方法です。一時的ではありますが、共有状態になります。

この場合、相続登記後、不動産売却活動に入り、不動産売買契約を締結する際は、共有者全員の署名・捺印が必要になります。相続人が10名以上になる場合など、全員が立ち会うことが困難なケースもあり、売却が進まないリスクがあります。

②相続人代表者の単独名義

上記①のリスクを回避するため、遺産分割協議で代表相続人を指定し、その代表者単独の不動産名義にするパターンもあります。

この場合、相続登記後、この代表相続人が不動産の売買契約を締結し、最終の売買代金の支払いを受ける際に、遺産分割協議で定めた配分により売却金を分配することで足りますので、①の共有名義にする場合より手続きがスムーズにいきます。しかし、遺産分割協議書で換価分割であることを明記しなければ、代表相続人から他の相続人への売却金の送金が、税務当局から「贈与」と認定される可能性がありますので、注意が必要です。

4　代償分割　財産を取得した方が他の相続人に対価を支払う方法

自身の法定相続分の割合を超えて、不動産などを相続した場合、超過部分を他の相続人に金銭で支払う方法です。このとき、他の相続人に支払う金銭を、「代償交付金」といいます。

メリット

換価分割と違い、大切な財産を守ることができる。

デメリット

代償交付金を支払う原資が必要。

不動産など財産の価格を決定する方法で揉める可能性がある。

例えば、父からの相続で、長男と次男が相続人。父の遺産は、自宅（長男が居住）、現預金1000万円だったとします。このとき、長男としては、自分の住処を確保するため、自宅を相続したいはずです。一方、次男としては、法定相続分を主張できます。そこで、長男は自宅を相続する代わりに、次男の法定相続分相当額の金銭（代償交付金）を渡すという遺産分割協議を提案することになります。このとき、次男の法定相続分を計算するためには、自宅の価格がポイントになります。不動産の価格については、近隣の取引事例を基に算出した価格、公示価格（国や都道府県が毎年決定している不動産の評価額）、路線価（国税局長が定め、公示価格と連動した価格）、不動産鑑定士による鑑定評価など算出方法が複数あります。

今回、長男が不動産会社に依頼し、近隣の取引事例をもとに価格を算出してもらったところ、自宅の価格が3000万円だったとします。そうすると、父の遺産は、自宅3000万円と現預金100

0万円になりますので、次男の法定相続分の金額は、（3000万円＋1000万円）×1／2＝2000万円です。

長男としては、父の預金1000万円に自身の貯金から1000万円を捻出する必要があります。しかし、長男が1000万円を工面できたとしても、次男が2000万円の代償交付金で了承する必要もあります。前述のとおり、不動産の価格を算出する方法は、一つではないので、次男が長男の算出した価格に納得しなければ、その結果、不動産価格を巡り、争いが起きる可能性があることは要注意です。

不動産の共有名義の解消方法

不動産の共有名義の状態を解消したいと思ったとき、次の5つの方法が考えられます。

① 他の共有者の持分を買い取る
② 他の共有者に持分を売却する
③ 自分の持分を第三者に売却する
④ 共有者全員で不動産を第三者に売却する
⑤ 共有物分割調停・訴訟を起こす

まず、ご自身がその共有不動産に居住しており、今後も住み続けたいということであれば、①の方法を採用することになるでしょう。売却に応じてくれるのか、また、応じてくれるとしていくら出せば売却してくれるのかは、当然、他の共有者次第になります。

先方に提示する金額を検討する際に、頭に入れておいてほしいのが、最終的に⑤の共有物分割訴訟になってしまった場合の買取価格です。つまり、話が当事者同士でまとまらなかった場合、共有物分割訴訟を選択することになりますが、その際、他の共有者に代償金を支払って持分を取得するためには不動産の時価相当の資金が必要になります。そのため、買い取ることを検討するにあたっては、不動産の時価とその価格相当額の資金を用意できるかを予め調べておきましょう。

次に、本事例の八木さんの兄のように、持分を手放したい側です。この場合は、現金化するまでの期間と収支がポイントになります。期間を優先するのであれば、②か③です。

他の共有者が買取に応じてくれれば、短期間に問題が解決します。あとは価格の問題です。こちら側から、話を持ち掛けている以上は価格は相場より低く設定する必要があります。

他の共有者が持分買取に応じてくれなければ、第三者に話を持ち掛けることもできます。

不動産会社によっては、不動産の持分を買い取ってくれます。しかし、不動産会社としても、持分を買い取ったとしても、他の共有者がいる以上、自由が利かないため、市場価格の30％～50％程度の価格になるのが一般的です。このあたりは、繰り返しになりますが、共有状態を解消するために期間と収支のどちらを優先するのかを考える必要があるでしょう。

期間ではなく収支、つまり、高い金額で共有持分を売却したいのであれば、④の共有者全員で不動産を売却する方法を採用することになります。しかし、共有者全員に連絡を取り、売却の意思を固めるためには、時間と労力がかかるかもしれません。共有者の1人が対象不動産に居住している場合は、売却に難色を示すでしょう。また、売却の方向で全員一致したとしても、売却価格で折り合いがつかないこともよくあります。

共有者に話を持ち掛けたけど、失敗に終わった場合は、最終的に⑤の調停・訴訟を起こすことになります。まずは調停、つまり法廷内で共有者同士で共有不動産をどうするかを話し合います。話がまとまらなければ、訴訟になります。訴訟内でも裁判官が和解を促しますが、それでも和解がまとまらなければ、裁判官が判決により共有不動産の行く末を決めることになります。判決になった場合、原告（訴訟を起こした方）の希望どおりの結果になるわけではない点は注意しましょう。

事例

8

実家の売却にあたり行方不明の弟と遺産分割協議が必要な三田家の場合

ポイント

実家の売却のために行方不明の弟と遺産分割協議が必要となった。行方不明者の代わりに「不在者財産管理人」の選出で遺産分割協議が進められる。不在者財産管理人の選任には3～4ヶ月以上の期間を要する。

東京都在住の三田さん（男性・50歳）からの相談です。実家の不動産を売りたいのだが、問題が発生して困っているとのことで相談を受けました。

三田さんの実家があるのは北陸地方のとある県内、山間の町です。父親が10年前に、母親が5年前に死去。一軒家である実家は、母親の死亡後は空き家となっているとのことです。

空き家として放置していたのは立地上の理由があります。その土地は、公道と接している出入り口

事例8

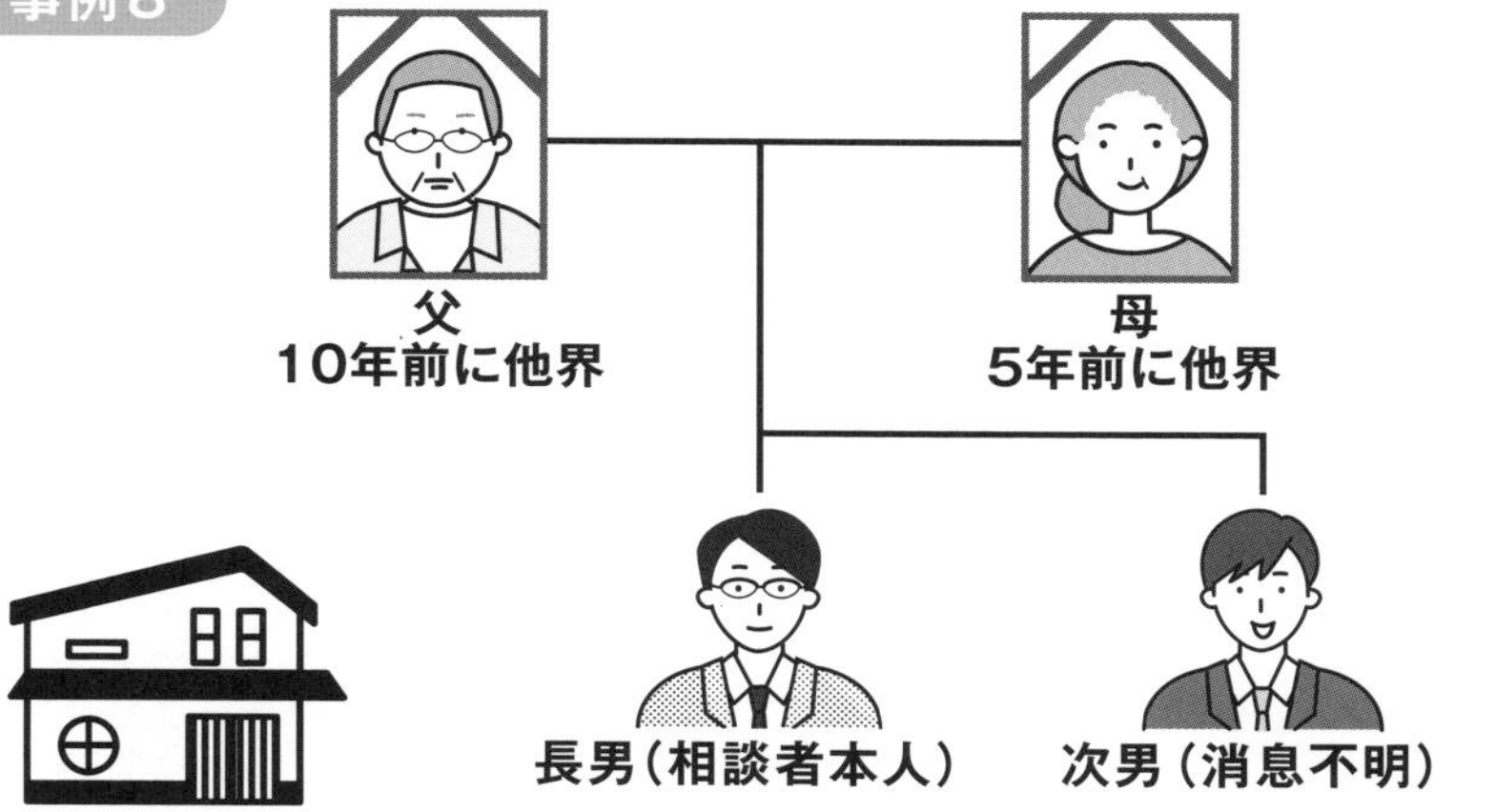

・父名義の実家は空き家状態
・消息不明の弟と遺産分割協議をして名義変更をしたい

➡「不在者財産管理人の選任の申立て」を行った

が、軽自動車が一台ギリギリ通れるほどの狭さのいわゆる旗竿地であったことです。解体するにしてもトラックが入って行けないので、更地にすることも建て替えることもできないのです。このような状況のため、買い手どころかタダで譲り受ける方もおりませんでした。

しかし、地元の不動産業者から連絡があり、騒音にうるさい隣家が売却されたとの話をされました。購入者は隣家を解体して、小さな旅館を開業するとのことです。そして三田さんの実家を売ってもらえるならば、三田さんの建物は解体して更地にして、旅館の駐車場スペースとして利用したいとの話でした。三田さんとしてはこの機を逃すと生きている間、処分ができない可能性が高いので、またとない話です。買い手からは、事業計画の関係で、半年後までに売ってもらわなくては困ると要望をうけたようです。

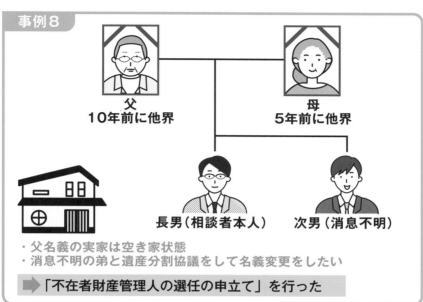

実は、実家の土地・建物は、父親名義のままでした。通常であれば、相続登記は半年間で済ますことができますが、売却するうえで大きな問題が1つありました。

弟は長らく消息不明の状態とのことでした。弟も当然、遺産分割協議の当事者になりますから、弟を探し出し、協力を仰ぐ必要があります。

「弟は高校卒業と同時に実家を出て以来、両親にもほとんど連絡をすることなく、実家に寄りつきもしませんでした。10代に荒れていたこともあり、両親とも私とも折り合いが悪かったためでしょう。高校を出て数年経ってからは完全に行方がわからなくなり、そのままとなってしまい、結局、親の死を知らせることすらできませんでした。もともと、あまり体が強くなかったので、もしかしたら早い段階で死んでしまい、どこかで無縁仏となっているのかもしれません…」

相続人の生死が不明で連絡がつかない状態では、遺産分割協議を進めることはできません。まずは私の方で、行方を調査しました。弟さんの戸籍の附票を取得したところ、職権削除により住民票が削除されていました。市区町村によって本人の居住の確認が取れない場合に行われる措置です。三田さんの話のとおり役所の記録上でも、弟さんは所在も生死も不明となっていました。

それを確認した上で、三田さんが家庭裁判所に「不在者財産管理人の選任の申立て」を行いました。不在者財産管理人とは、三田さんの弟さんのような行方不明者の代わりに財産に関する行為（管理や処分など）を行う代理人です。不在者財産管理人は行方不明者の代理人として遺産分割協議に参加することができます。家庭裁判所が選任しますが、申立てした人と利害関係のない弁護士が選ばれるのが一般的です。

この制度により、弟さんが参加せずとも遺産分割協議が可能になります。便利な制度ですが、今回のケースにおいてひとつ難点があります。不在者財産管理人の選任には通常3～4ヶ月以上の期間がかかるのです。申立てをした時点ですでに旅館業者との約束の期日は3ヶ月を切っており、猶予がありません。家庭裁判所にも今回の特殊な事情を上申し、急対応を再三打診しました。選任までヒヤヒヤする時間が過ぎました。結果的に不在者財産管理人が選任され、三田さんはその不在者財産管理人とともに遺産分割協議をし、不動産の名義を三田さんにしたうえで、期限ギリギリで実家を売却することができました。

不在者財産管理人による遺産分割協議を行った場合、行方不明者が生きていた場合に備えて、相続後も行方不明者の法定相続分の財産を不在者財産管理人が管理しておく必要がある旨を三田さんにお伝えしました。

「弟のことは長らく心の奥に引っかかっていましたが、今回、実家を売却したことを契機に一区切りつけようかと思っています」

三田さんは晴れ晴れとしたような、どこか寂しげな表情でそう言われました。

この話のポイントは、相続人の中に行方不明者・音信不通者がいたとしても、遺産分割協議を諦める必要はないという点です。また、三田さんのケースでも問題となったように、不在者財産管理人の選任には3～4ヶ月以上の期間を要するので注意が必要です。

「不在者財産管理人」という制度

相続でいう「行方不明者」とは

音信不通の兄弟、叔父叔母（伯父伯母）が相続人に該当する場合、本事例の三田さんのようにその相続人の行方を追うところから相続手続きを開始することになるため、通常の相続以上に時間を要します。音信不通の相続人の住所を特定し、お手紙を送り、その相続人が受領（たまに受領拒否する方もいます）してくれるかどうかがファーストステップです。この段階で、「あて所に尋ねあたりません」として郵便物が戻されると、その住所に住んでいないということになります。その住所地に赴き、近隣の方へ聞き取りと警察への捜索願を提出し、何ら手掛かりがなければ、その相続人は「行方不明」に該当します。

不在者財産管理人の申立て

そもそも、なぜ音信不通の相続人の消息を追う必要があるかですが、遺産分割をしていない相続財産は法定相続人が法定相続分に従った割合で共有している状態です。そのため、未分割の空き家の売却や解体などには共有者全員の同意が必要です。音信不通の相続人を除外して先に進めることができないからこそ、その消息を追う必要があるのです。しかし、相続人調査の結果、三田さんの弟のように行方不明者に該当してしまうと、空き家の売却や解体が行方不明者の生死が判明するまで、待たざるを得ない状態になります。そうすると、他の法定相続人にとっては心理的・経済的な負担が過大にかかるおそれがあります。そこで、行方不明の法定相続人に代わって遺産分割協議に参加する不在者財産管理人の制度があります。

不在者財産管理人の申立て方法

不在者財産管理人の申立ては、不在者の配偶者や相続人、債権者など利害関係がある人、あるいは検察官が可能です。申立ては「不在者の従来の居住地の家庭裁判所」に行いますが、従来の居住地が不明な場合は、「不在者の財産の所在地を管轄する家庭裁判所」または「東京家庭裁判所」に申立てをします。三田さんのケースでは、戸籍の附票を取り寄せた市町村を管轄する家庭裁判所宛に、三田さん本人が不在者財産管理人の申立て手続きを行いました。

不在者であることを証明するためには

申立てには、不在者であることを証明する必要があります。そのため、以下の調査を行う必要があります。

①　戸籍の附票や住民票を取得し、郵便物が届くかどうか
②　住所地を調査し、近隣住民に聴き取り
③　行方不明になる前の職場へ照会
④　警察への捜索願の提出

不在者財産管理人は誰が選任される？

特別な資格が必要というわけではないです。不在者との関係性、利害関係の有無を考慮され、弁護士や司法書士などの専門職しか選任されないわけではなく、親族が選ばれるケースもあります。

遺産分割協議における不在者財産管理人の注意点

不在者財産管理人は、ただ不在者の代わりに財産を管理する業務を担うわけではありません。特に遺産分割協議では、下記の点で注意が必要です。

申立て時には不在者以外の法定相続人間で遺産分割についての合意が必要

不在者財産管理人は遺産分割協議に参加はできますが、あくまでも不在者の財産を管理する立場にあるため、積極的に話し合いに関与することは通常ありません。そのため、申立て時点で、不在者以

外の法定相続人の間で遺産分割についての合意がとれていることが前提条件となります。三田さんの場合、母親が亡くなっていることから父親の財産の法定相続人は三田さんと弟であるため、不在者以外の合意が不要でした。

遺産分割協議に関与するには権限外行為許可が必要

不在者財産管理人が三田さんの弟の代わりに遺産分割協議に関与したり、名義変更後の土地を売却したりすることは権限外の行為にあたるため、別途「権限外行為許可」を家庭裁判所から得る必要があります。

不在者に不利な遺産分割はできない

遺産分割協議書の作成を主な目的として不在者財産管理人を選任する場合、不在者に不利になる遺産分割は家庭裁判所の許可を得ることはできません。最低限「法定相続分」を確保しなくては家庭裁判所からの「権限外行為許可」は得られません。

不在者財産管理人の終了

不在者財産管理人の業務は、遺産分割や財産の処分など当初の目的が達成されたら終わりになるものではありません。不在者財産管理人が終了となるのは、不在者が現れたとき、不在者の死亡が確認されたとき、不在者の失踪宣告がなされたとき、不在者の財産が無くなったときのいずれかの条件が満たされたときです。条件が満たされるまで、不在者財産管理人は継続して業務を継続し、1年に1度、家庭裁判所に報告する必要があります。

不在者財産管理人の申立て方法や業務について見ていきました。法定相続人の中に行方不明者・音信不通者がいたとしても、遺産分割協議を諦めることはありません。しかしながら、家庭裁判所に申立てをしてから選任されるまで3～4ヶ月以上の期間がかかるため、三田さんのケースのように売却に期限がある場合は、早急な対応が求められます。遺産分割協議では、不在者が生存していたときに備えて「法定相続分」の財産を確保する必要があることを念頭に置いておきましょう。

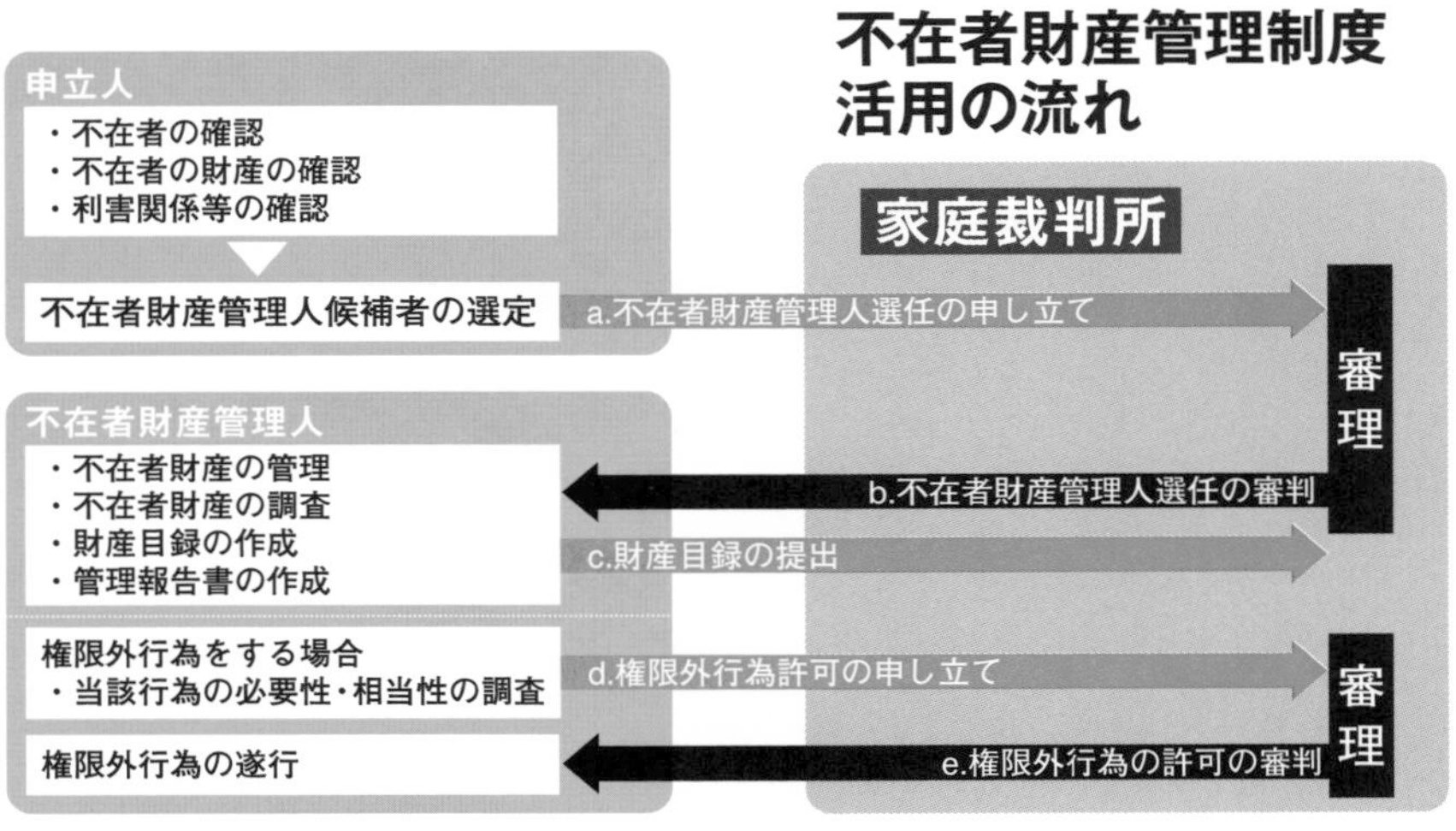

第3章

遺言書に関する解説と事例

遺言書を残す必要性

「うちは大した財産がないから子どもたちは揉めないので、相続対策は必要ない」と相続相談以外の機会でお会いする高齢者が、私の名刺（相続・遺言を専門にしていると記載されている）を見ると、しばしばこういいます。

相続争いは資産家のお宅で生じるものと、どこか他人事のように考えている方が多いです。しかし、第2章で取り上げた事例のように、相続争いやトラブルは決して資産家だけに起こるものではないのです。

本章では相続争いを予防するために、なぜ遺言書を残した方がいいのか、また、遺言書を残すうえでの注意点を、実例を紹介しながら解説していきます。

実例に入る前に、遺産争いの現状を把握してもらいたいと思います。まず、日本全国でどれほど遺産争いが生じているのでしょうか。表1は、各年の死亡者数をその年に家庭裁判所に申し立てられた遺産分割事件（家事調停・審判）の新受件数で除した数の推移グラフです。

表１：遺産分割調停・審判申立て件数の推移

	死亡者数（❶）（単位：人）	新受件数（❷）（単位：件）	遺産分割事件になる割合（❶÷❷）
1955年	693,523	2,661	260.62
1965年	700,438	4,120	170.00
1975年	702,275	5,229	134.30
1985年	752,283	6,176	121.80
2008年	1,142,407	12,879	88.70
2018年	1,381,093	15,706	87.93

遺産分割事件として家庭裁判所に申立てられたということは、相続人の話し合いで遺産分割協議がまとまらなかった、つまり、遺産争いに陥ったということが言えるでしょう。

１９５５年は、遺産分割事件になるのが２６０件のうち1件に過ぎませんでした。それから、20年後の１９７５年には１３０件のうち1件、２０１８年には87件のうち1件が遺産分割事件になっており、年々当事者同士の話し合いで解決できなくなっていることがこの表で窺えます。

遺産争いが増加した要因としては、戦後に相続制度が大改正されたことが一つ挙げられるでしょう。戦前の相続は、家督相続といって、戸主である父が亡くなった場合、必ず長男が単独で全ての遺産を相続するのが原則とされていました。たとえ、長男以外に兄弟が何人いようと、基本的に長男が家督相続人となりました。

その後、１９４７年、日本国憲法に則り、現在の法定相続制度に変更され、子が複数名いたら、法定相続分が均一である取り扱いになりました。１９５５年当時、遺産分割事件になる件数が少なかったのは、当時、法定相続制度に変更されたといっても、まだ家督相続制度の余韻が残っており、家を継ぐ長男が相続するのが当たり前と考えられていたからと推測できます。

そして、時が経つごとに法定相続制度の考えが浸透していき、相続人各自が法定相続分を主張することが当然の権利であると考える方が増えてきたことで、遺産争いになる可能性が高まったと言えるのではないでしょうか。

ここで、強調したいのは、法定相続分を主張すること自体を否定しているわけではありません。ここで財産を残す側である親御さんにお伝えしたいのは、現在の相続が遺産争いになる余地がなかった家督相続時代ではなく、相続人それぞれ法で認められた権利を主張するのが当然の時代になったという点です。

ご自身のお子さんに、ご自身の残した遺産を巡り、骨肉の争いをしてほしいと考える方はいないはずです。それであれば、先祖から引き継いだ財産やご自身が築いた財産を、誰にどの割合で相続させるかを決めてあげるのが下の世代への思いやりだと思います。

事例

9

母親が残した自筆証書遺言書が原因で息子たちが争うことになってしまった長友家の場合

ポイント

自筆証書遺言書により母親の遺産は息子たちに法定相続分どおり分けられることになったが、長年母親の面倒を見ていた長男と、大病を患う次男との間で感情的な対立が起こってしまい…。

母親の遺した遺言書の件で来られた長友家の事例です。長男から相談を受けました。

長友家の家族構成は、父親（15年前に勤務先での事故で死去・享年58歳）、母親（今年死去・享年72歳）、長男（47歳）、次男（45歳）となっています。

長男、次男ともに結婚して世帯を持っており、長男は実家で母親と同居、次男は県外に仕事先とマイホームを持ち、そこで暮らしています。

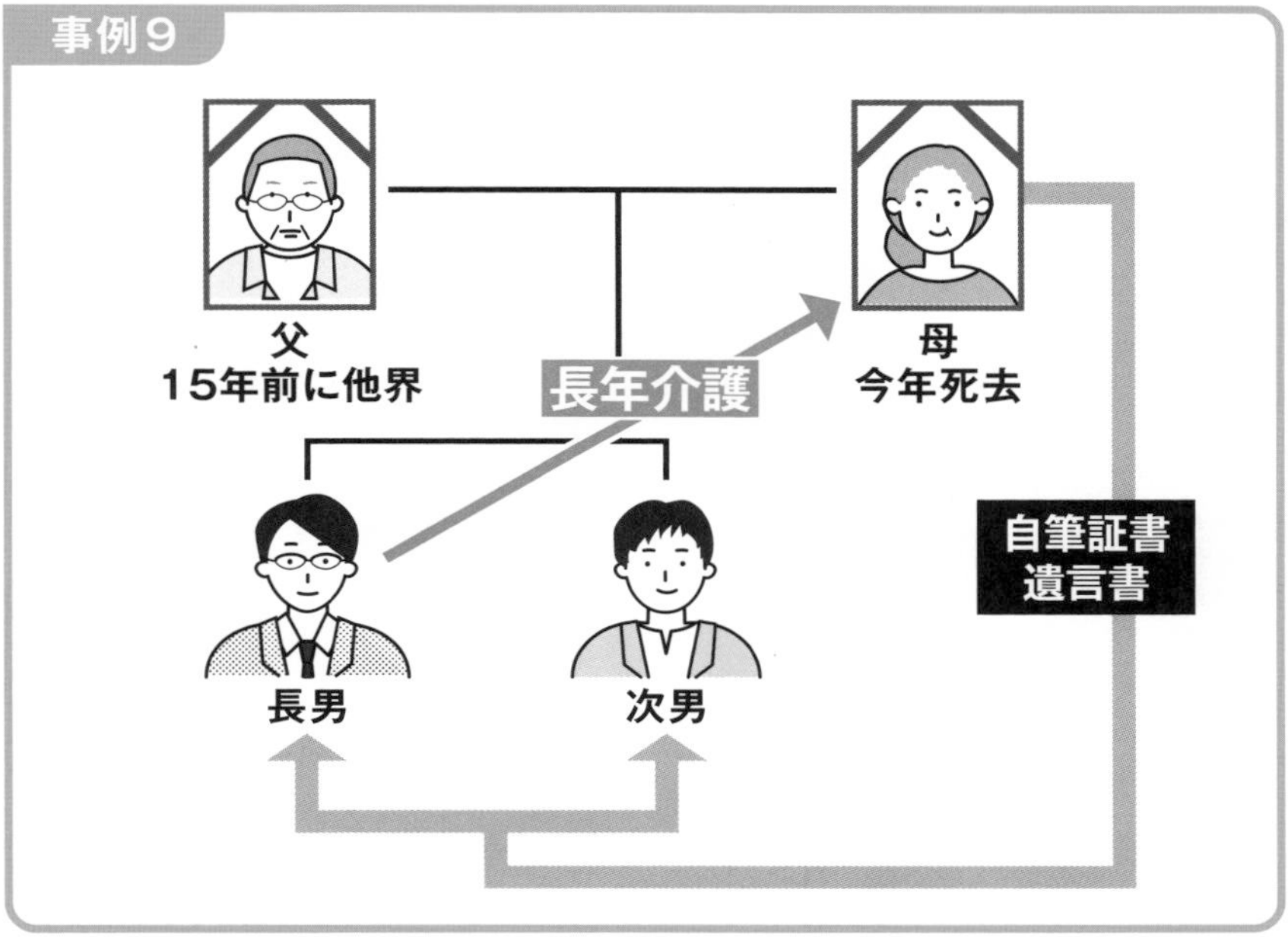

今年、持病の悪化で母親が死去して、長男、次男のふたりで実家の財産を相続することとなりました。

実は、長男は母親から自筆証書遺言書があることを教えられていました。自筆証書遺言書とは、手書きで自分で書いた遺言書のことです。形式を学べば、個人で作成することができます。私が拝見した自筆証書遺言書は封筒に入れられて封をされていました。封をされた自筆証書遺言書を個人が開封することは法律で禁じられています。封印されたまま家庭裁判所に提出して、検認手続きが必要となります。

ちなみに遺言書の存在を知りながら、破棄や隠匿をした場合は、民法上、一切の相続権を失うことになります。

自筆証書遺言書の検認手続きには、遺言

書の他に戸籍謄本などいくつかの書類が必要であり、やや煩雑です。申請手続きの代行依頼のために、長男が私のところに相談にこられました。

「母が自筆証書遺言書の書き方を学んだのは、地元公民館のカルチャースクールです。近所の友人に誘われて一緒に行ったと言っていました。うちは、私たち長男家族が母と同居をして、亡くなるまで妻とともに母の面倒を見ていました。弟は他県で暮らしており、子どもを連れて実家にくるのは盆暮れくらいです。母の持病が悪化した後も、介護は全て私と妻でしていました。私たちの生前の母への貢献を加味するために遺言を残したのだと思います」

母親の財産の内訳は、自宅の土地（査定額・約３０００万円）、自宅建物名義50％（２５０万円）、預貯金（１０００万円）です。

検認手続きの申立てから約1ヶ月後、家庭裁判所から長男、次男宛に出廷するよう通知が届きました。私も裁判所に同行し、長男と次男の面前で自筆証書遺言書の内容確認が行われました。その内容は、長男が予想していたものとは異なり、「すべての財産を長男と次男に1／2ずつ相続させる」というものでした。自宅不動産も半分ずつ、預貯金も半分ずつ、つまり法定相続分どおりに分けるということです。

法定相続分どおりならば、自筆証書遺言書を残しても残さなくても同じことのようにも思えます。「母親は、世間知らずというか、他人のいうことを一面的に受け取ってしまう性格でして、半分ずつと書いておけばそれで兄弟間の遺産争いを避けられるというように言われて、そのまま作成したのだと思います。公民館のスクールで教えられた、遺言作りの基本みたいなものだったのではないでしょうか。おそらく、子どもにおやつを平等に半分ずつというくらいの感覚だったのでしょう…」

前述のように、生前の母親の面倒は長年ほとんど長男夫婦でみており、10年ほど前に母親が足を痛めたのを契機に、実家をバリアフリーに全面リフォームした際の費用も、長男が全て出しているとのことです。長男夫婦としては「平等に全て半分」と言われても納得がいきません。実家の土地が財産の約75％を占めるために、今後も長男夫婦が住む実家の名義の一部を弟と共有しなくてはならないことに、心情的な不快感を覚えたようです。

相続手続きを進めるために、私が間に入り、次男側の事情もお聞きしました。次男側には次男側の事情がありました。次男は2年前に大病を患っており、それを機に転職をして、半リハビリ生活を送っています。医療費が嵩んだことと年収が下がったことで、現金が必要な状態だといいます。自宅の土地の査定額と預貯金の合計約4000万円の半分にあたる2000万円をもらえれば、自宅の相続権を放棄する、との返事をいただきました。

遺言書があった場合、遺言書どおりに相続手続きを進めなくてはならないと思われている方も少なくありませんが、例外はあるものの、相続人の総意があれば、別の配分となっても問題ありません。

この状況で、長男に可能な選択肢は2つとなります。自宅不動産も預貯金もそれぞれ1／2ずつ次男と分け合い、次男と共有名義の自宅に住み続けるか、もしくは、自宅不動産を100％自分の名義にする代わりに、預貯金全てに足りない差額分1000万円を足してこれを次男の相続分とするかです。長男は妻と話し合い、後者を選択しました。差額分1000万円は老後資金として貯めていた貯金の一部から支払いました。

今回のケースは、相続上のトラブルを避けようとして作った自筆証書遺言書が、かえって仇となる展開となってしまいました。このケースのようにカルチャースクールであったり、最近は書籍やネットなどでも遺言書の書き方が学べるため、個人で遺言書を作成する方が増えています。しかし、そこで学べる情報はあくまでも一般的なものであり、個々の事例に対応できるものとは限りません。

例えば今回のケースの場合、「同居して面倒を見続けてくれた長男に、自宅不動産の権利を全て相続させる」という遺言書を残したほうが、長男が個人の貯金を切り崩す必要もなく、後の兄弟間のしこりも生じなかったのではないでしょうか。きちんと理由を説明した遺言書を残していれば、次男が相続財産総額の半分をもらえなくても不満は生じなかったかもしれません。その場合、次男が手にするのは預貯金1000万円となりますが、これは相続財産全体の約25％にあたり遺留分の下限に達しているので、法的にも遺留分を巡る争いに発展する可能性はありません。

相続の正しい方法は、各家庭の数だけあると言えます。遺言書を作成する際には経験豊かな専門家に相談して、家庭や資産の状況、またこれまでの家族の歴史に沿った最適のアドバイスを受けることをお勧めいたします。

事例9のポイント

- 今年死去。
- 地元のカルチャースクールで「自筆証書遺言書」を作成していた。

遺言書の内容

- 「すべての財産を長男と次男に1/2ずつ相続させる」
- 財産の内訳：自宅の土地（査定額・約3000万円）・自宅建物名義50%（250万円）・預貯金（1000万）

長男

◉夫婦で生前の母親の面倒をみていたほか、実家のリフォーム代も負担

➡次男と同じ相続分ということに不満。引き続き居住する実家の名義を次男と共有することにも抵抗がある。

×

次男

◉大病を患い、現在は半リハビリ生活のため、現金のほうがありがたい

➡母親の資産、現金と土地などの査定額を合わせた4000万のうち、半分の2000万円をもらえればほかは放棄する。

結果

長男は次男の要求を受け入れ、自分の貯金から差額分1000万円を母親の遺産にプラスして次男に支払い、今回の事例は解決した。

どうすればよかった…？

母親が生前のうちに、家族で話し合い「長男に自宅不動産の権利をすべて相続させる」といった遺言書を作成していれば、このような問題は起きなかったと考えられます（あくまでも一例です）。

遺言書の種類と比較

通常、皆さんが遺言書を作成する場合、「自筆証書遺言」、「公正証書遺言」、「秘密証書遺言」の３種類のうちのどれかを選択することになります。それぞれ作成の流れ、メリット・デメリットや注意点がありますので、解説していきます。

（1）自筆証書遺言
（2）公正証書遺言
（3）秘密証書遺言

遺言書の種類（1）自筆証書遺言

皆さんが遺言書と聞けば、自筆証書遺言を思い浮かべるのではないでしょうか。一番手軽に作成できますが、５つの要件を必ず押さえて書く必要があります。要件を満たしていないと、せっかく書いた遺言書が法律的に無効になってしまいます。民法９６８条で定める自筆証書遺言の要件は、「遺言者が、その全文、日付及び氏名を自書し、これに印を押さなければならない」となっています。また、訂正の仕方も法律で決まっています。

要件① 遺言者本人が自筆で全文を書く（※ 添付の財産目録以外）

遺言者本人が手書きで全文を書くとされています。パソコンで書いたものや録音、録画、家族等による代筆は無効になります。その理由は、自筆の筆跡により、第三者による不正や偽造を防ぐためです。ただし、２０１９年1月13日からは相続財産の全部または一部の目録を添付する場合は、その目録についてはパソコンで作成したものでも良いことになりました。通帳の写しや土地の登記事項証明書を添付することもできます。目録の例を次のページに掲載しておきます。

添付の財産目録の例

1　不動産

所在・地番	地目 種類	地積 床面積	被相続人 相続分	備考
東京都港区○町○号	宅地	10,000㎡	鈴木甲郎	
埼玉県○市○丁目○番	居宅	12,500㎡	田中乙子	自宅

2　預貯金（普通・定期・定額・積立等）・現金

種別	銀行・ 支店名	口座番号	金額・数量	被相続人 相続分	備考
普通	○○銀行	1234567	2,000,000円	田中乙子	申立人
定期	○○銀行	2345678	1,000,000円	〃	〃
現金			34,000円	〃	〃

3　株式・投資信託

種別	証券会社	株式番号等	数量	被相続人 相続分	備考
株式	○○証券	3456789	500株	鈴木甲郎	

4　負債

種別	支払いや返済をする相手の氏名	残額	備考
住宅ローン	○○会社	2,000,000円	毎月返済額 30,000円

必須

作成年月日　令和　○年　○月　○日

記入者名　印

ただし、注意したいのは目録の各ページに署名と押印をしなければなりません（民法968条第2項抜粋）。

遺言書に添付される書類であるため、遺言書との対応をわかりやすくするように番号を振ったり、財産目録が複数のページにわたる場合には、たとえば10ページで構成される場合には「1／10」、「2／10」のようにページ数を記すなどの工夫をするとよいでしょう。

要件② 作成した日付を正確に自筆で書く

遺言書を作成した日付を「令和4年3月1日」「2022年3月1日」などと正確に書きましょう。もしも、死後に複数の遺言書が発見され、内容が違う場合は日付が新しいものが有効になります。日付は遺言書の効力に影響を与える重要項目です。

要件③ 氏名を手書きする

戸籍上の氏名をフルネームで正確に書くこと。自分が書いた遺言書であることを特定するために、名前の前に住所と生年月日を書き入れるとよいでしょう。

要件④ 印鑑を押す

要件③の名前を自筆した後に印鑑を押します。印鑑が不明瞭にならないように押すこと。もし印鑑が消えていたり、印鑑がなかったりする場合は遺言書が無効になります。
印鑑は認印でも構いませんが、シヤチハタのような簡易の印鑑は避けてください。

要件⑤ 訂正には印を押し、欄外に訂正箇所を記し署名

書き間違えた場合は、民法の規定に従って訂正します。民法968条では「自筆証書中の加除その他の変更は、遺言者が、その場所を指示し、これを変更した旨を付記して特にこれに署名し、かつ、その変更の場所に印を押さなければ、その効力を生じない」とあります。どのようにすればよいかというと、訂正したい本文に取り消し線を引いて、そばに新しい文字を書いて印鑑を押します。そして、欄外の余白部分に、どこをどのように訂正したのかと名前を書きます。

●注意点

・手軽に作成できますが、すでに記した①～⑤の要件を満たしていない場合は無効になります。
・作成した遺言はご自身で保管することになりますが、保管場所によっては死後、発見されないおそれがあります。そのため、ご自宅の金庫など大切な書類（不動産の権利証など）を管理してる場所で保管しましょう。
・ご自宅で自筆証書遺言を保管する場合、死後、遺言書を発見した相続人がこれを破棄したり、隠したりするなどして、遺言書をなかったことにする可能性もあります。実際に過去、数件そのような相

自筆証書遺言書の様式

本文は全て自著

遺言書

1.私は、私の所有する別紙目録第1記載の不動産を、長男甲野一郎（昭和○年○月○日生）に相続させる

1.私は、私の所有する別紙目録第2記載の預貯金を、次男甲野次郎（昭和○年○月○日生）に相続させる

1.私は、上記1及び2の財産以外の預貯金、有価証券その他一切の財産を妻甲野花子（昭和○年○月○日生）に相続させる

1.私は、この遺言の遺言執行者として次の者を指定する。

住所　埼玉県浦和市~~浦和~~南区○丁目○番地

職業　弁護士　印　この行2字削除 1字加入　甲野太郎

氏名　丙山太郎

生年月日　昭和○年○月○日生

令和5年4月1日

日付

住所　東京都千代田区霞ヶ関1丁目1番1号

甲野太郎　印

署名　押印

談を受けたことがありますので、司法書士や弁護士など信頼できる方に預けることをお勧めします。なお、法務局へ自筆証書遺言書を保管させることもできます。後述の「遺言書に関するFAQ【Q2（186ページ）」をご確認ください。

・遺言者の死後、自筆証書遺言をもとに不動産の相続登記や預金の解約をすぐにできるわけではありません。相続手続きに入る前に、遺言者の住民票上の住所地を管轄する家庭裁判所に検認手続きを申立てする必要があります。検認の申立てには被相続人の出生から死亡までの戸籍謄本などの準備が必要であり、申立てから検認手続きまで1ヶ月以上時間がかかります。そのため、次の公正証書遺言に比べて、相続手続きに入るまで2ヶ月以上遅くなります。

遺言書の種類（2）公正証書遺言

公正証書遺言とは、公証役場に在籍する公証人が関与して作成される遺言です。

公正証書遺言の作成の流れ

【STEP1】遺言の内容の検討と下書きの作成

公証人の役目は遺言の内容が適正かどうかをチェックしたうえで、遺言書の文面を整えることです。そのため、遺言の内容、つまりどういう遺言を、誰にどのように遺したいのかを考え、それを紙に下書きしたものを用意するのが公正証書遺言作成のスタート地点となります。

必要となる資料もこの段階から集め始めるとよいでしょう。

なお、遺言の内容を検討する際、家族の事情、資産の種類・内容、遺言書に残したい内容を相続分野を専門とする行政書士、司法書士及び弁護士に相談し、専門家からアドバイスをもらうのが望ましいです。

【STEP2】公証人との打ち合わせと必要書類収集

公証役場に下書きを持参し、遺言内容を確認してもらいます。その際、遺言の内容を確認するため、また、公正証書作成の手数料を計算するために必要な資料を、公証人が案内します。後日、それらの資料を集めることになります。一般的には遺言者本人の印鑑証明や戸籍謄本、不動産登記簿や預金通帳の写し、不動産の固定資産税評価証明書、相続人や遺贈相手の戸籍謄本などが必要です。

【STEP3】公正証書遺言作成日時の決定と証人2名の手配

公正証書遺言作成の日時を公証人と調整します。当日、公正証書を作成する際、2名の証人が同席する必要があります。遺言者自身が証人2名を手配できない場合、公証役場が証人を用意してくれます（証人に日当がかかります）。なお、遺言者が病気で病院から出られない場合など公証役場を訪問できない場合は、公証人が遺言者の居所に出張する制度もありますが、別途出張手数料がかかります。なお、未成年者、遺言者の家族や遺言により財産を得る方（受遺者）は、証人になることはできません。

【STEP4】公正証書遺言作成時の流れ

作成日当日は、遺言者とSTEP3で説明した証人2人の面前で、公証人が事前に用意した遺言書の文面を読み聞かせ、内容に誤りがないことを証人2人と遺言者が確認します。

確認後、遺言者と証人2人が遺言書に署名・押印し、そこに公証人が署名・押印します。もしも遺言者が病気などで字を書けない場合でも、公証人がその事情を遺言書に追記することで署名に代えることができます。

最後に公証人に手数料を支払い、公証人から公正証書遺言の正本と謄本各1部が配布されます。署名・捺印した遺言書の原本は、公証役場で保管されるため、万一、公正証書の正本や謄本を紛失した場合でも、公証役場で謄本を再発行してもらえます。

公正証書遺言のメリット

・公証人が遺言書の文面を整えるため、方式や内容の不備がない遺言書を作成できます。
・公正証書遺言の原本が公証役場で保管されるため、偽造や変造のおそれがなく、破棄されるリスクはありません。
・家庭裁判所での検認手続も必要がないため、遺言書により、速やかに相続手続きをすることができます。
・遺言者の死亡後、遺族が公証役場に照会すると、公正証書遺言の有無を検索することができます。

遺言書の種類（3）秘密証書遺言

秘密証書遺言は、実際にはあまり利用されない種類です。しかし、遺言者の事情によっては、秘密証書遺言の方式で作成することをお勧めするケースがあります。

【STEP1】遺言書の作成

遺言者自身で遺言書を作成します。

日付を特定して記載する点と署名・押印をする点は、自筆証書遺言と同様です。異なるのは秘密証書遺言は「署名だけを自署」していれば、遺言書の本文はパソコンで作成しても構いません。

次に、遺言者が遺言書を封筒に入れ、のり付けする必要があります。封筒は、角2サイズのものを使用しましょう。STEP3で公証人が封筒の表面に署名・捺印する用紙を貼り付ける必要があるためです。ここまでが遺言者が行う作業です。

【STEP2】秘密証書遺言作成日時の決定、証人2名の手配と必要書類の収集

秘密証書遺言作成の日時を公証人と調整します。公正証書遺言と同様、2名の証人が必要になります。必要書類は、封筒に入れた遺言書と遺言者の印鑑証明書です。なお、秘密証書遺言の場合は、公証人の出張制度はありません。そのため、遺言者が公証役場を訪問できない場合は、秘密証書遺言は作成できません。

【STEP 3】公証役場で行うこと

公証役場では、公証人と証人の前で、「封筒の中身は自分の遺言書である」ということと、氏名、住所と生年月日を告げます。その後、公証人が提出日と申述内容を書面に記載し、遺言者、証人、公証人がそれぞれ署名押印し、その書面を封筒に貼り付けます。

【STEP 4】秘密証書遺言の保管

秘密証書遺言の保管は、自分で行います。注意したいのは、公証役場では保管されず、あくまでも「秘密証書遺言を作成した」という記録が残るだけになります。

秘密証書遺言は、公正証書遺言と比べて、公証役場に支払う手数料は低額です。公正証書遺言の場合、財産を渡す人数、財産額に応じて手数料が変わりますが、秘密証書遺言の場合は、定額1万1000円です。しかし、自筆証書遺言と同様、遺言者の死亡後に家庭裁判所の検認手続きが必要になるため、遺族に事務負担がかかります。

秘密証書遺言の方式をお勧めするほうは、あまり時間をかけられないが、遺す内容が手書きでは分量が多いケースです。公正証書遺言の場合、どうしても公証人のチェックに時間がかかるため、少なくとも1ヶ月程度の時間を要します。かと言って、自筆証書遺言では、盛り込みたい内容が多く、手書きではなかなか負担が重いと感じる方も多いです。このような方には、行政書士や司法書士の専門家に相談して、すぐに文面を用意してもらい、公証役場を訪問する日を予約して行う秘密証書遺言がお勧めです。

ここまで、3つの遺言書について、その特徴や作成手順などをみてきました。ここでそのメリットとデメリットを次のページにまとめます。

一般的には、二つ目の「公正証書遺言」が一番望ましいです。公正証書遺言は希望する内容を法的に有効な公文書として作成できます。

ただし、注意したいのは、たとえ有効な遺言書を作成したとしても、その内容があなたのご家族にとって合っているのか、争族にならないかどうかは精査されておりません。

「自分の相続で、家族の間に争いを起こしたくない」と思われるようでしたら、一度司法書士や行政書士などの専門家に相談してみることをお勧めします。相続の専門家であれば経験や知識から、ご自身にとって、そしてそのご家族にとってベストな提案をしてくださると思います。

遺言書の種類による比較

種類	メリット	デメリット
自筆証書遺言	・手軽に作成できる ・費用がかからない	・内容や形式上の不備によって無効になる可能性がある ・紛失・偽造・隠匿されるおそれがある ・死後発見されないおそれがある
公正証書遺言	・不備になりにくい ・公証役場で保管されるため紛失、偽造、隠匿のおそれなし ・家庭裁判所の検認は不要	・作成まで時間がかかる ・公証役場への費用がかかる ・証人に内容を知られてしまう
秘密証書遺言	・内容が他に知られるリスクがない ・公正証書遺言に比べて手軽に作成できる ・署名以外、手書きが不要である	・遺言の内容が精査されないため、不備が生じる可能性がある ・検認手続きが必要である

遺言書を作成する際の5つの注意点 その①

続いて、遺言書を作成する際の5つの注意点を解説します。円満で円滑な相続を実現させるためには、単にご自身の想いを残すだけでは足りません。5つの注意点をしっかり念頭に置いて作成を進めてください。なお、5つの注意点をまとめて解説するのではなく、本事例9から11までの各事例に連する注意点を個別に説明していきます。

①相続の専門家に監修の依頼をする

事例9のお母様は、地元のカルチャースクールで自筆証書遺言の書き方を学び、ご自身で遺言書を作成しました。

カルチャースクールでどのような説明をしたかは定かではありませんが、遺言書の内容から推測するに「相続人には法定相続分という権利があるため、その権利を尊重しましょう」と説明していたのではないでしょうか。

たしかに法定相続分を尊重することは平等な取り扱いかもしれません。しかし、今回の長友家のように長年両親を見守ってきた長男と介護に時間を取れなかった次男に対して、対等に取り扱うのが公平でしょうか。

結果的に、お母様が作成した遺言書によって、兄弟間に大きなしこりが残っただけではなく、長男は将来の老後資金を切り崩さざるを得なくなりました。

セミナーや書籍やネットの記事で遺言書の書き方を知ることが、比較的容易になりましたが、作成した遺言が果たして「うち」の家族において公平・妥当な内容であるかを検証することが重要です。

検証する際は、相続の相談を多数経験してきた司法書士、行政書士や弁護士にご相談ください。これまでの経験をもとに遺言書の内容に問題点がないかをアドバイスしてくれるはずです。

自筆証書遺言書についての補足

遺言には有効期限はありません。しかし、身分関係・財産関係に変化があったときには遺言を書き換える必要があります。たとえば、夫婦仲が良いときに、遺言を作成したものの、その後離婚した場合に、遺言を書き換えないと離婚した妻に財産をもっていかれてしまう、ということもあります。

自筆証書遺言書の封筒の書き方

封筒について定めた法律はありません。常識的に判断すればよいのですが、遺言書がそのまま入る大きさか、せいぜい二つ折り程度で入る大きさが無難です。小さな封筒に入れると、なくしやすい、気づかれない可能性があるためです。

また、封筒に入れるのは遺言書を保全する目的でもあります。そのため、封筒は以下のように取り扱います。

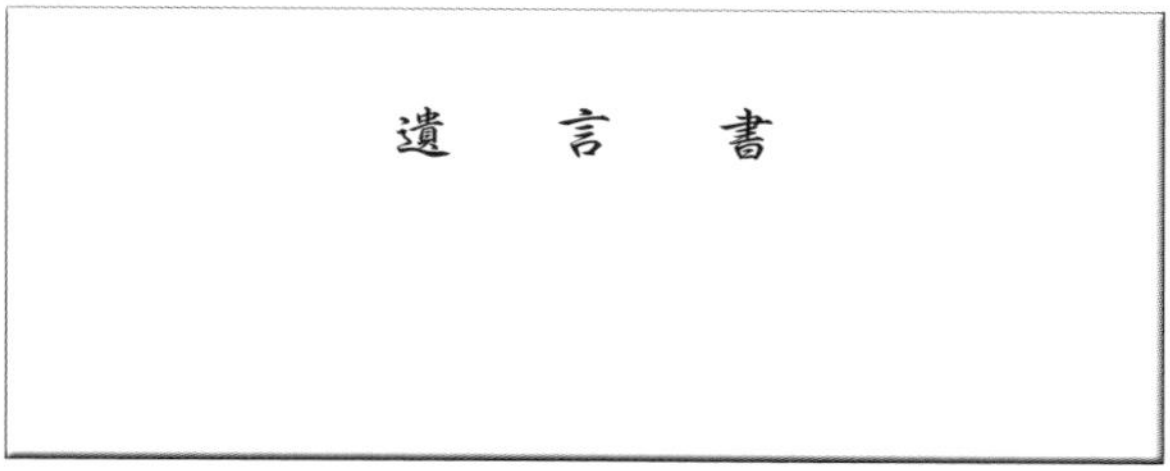
遺　言　書

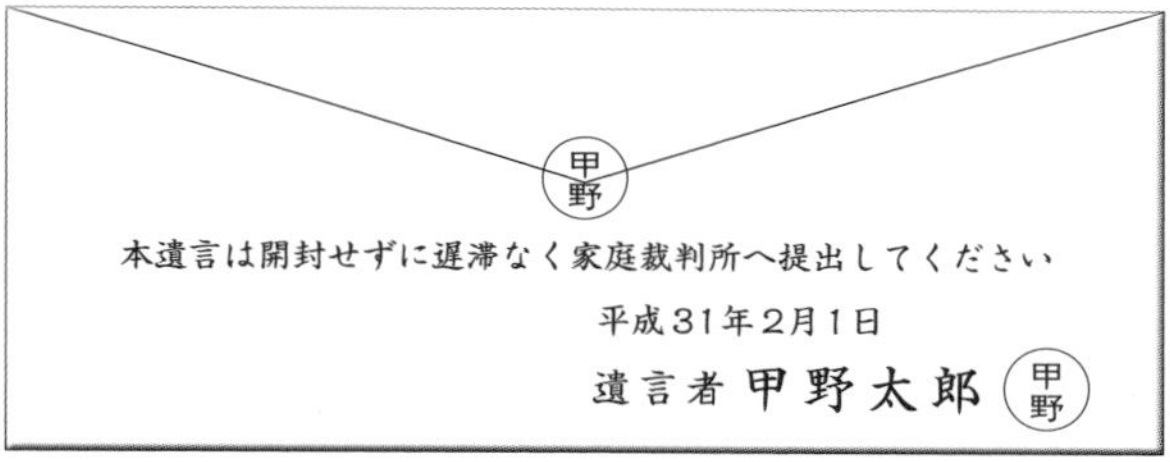
甲野
本遺言は開封せずに遅滞なく家庭裁判所へ提出してください
平成31年2月1日
遺言者 甲野太郎
甲野

・封筒の表は「遺言書」と自筆で書く
・封をのり付けし、ふたの中央に割り印を押す
・裏に遺言書を書いた日付、氏名を書き、印を押す

ここまでは、普通に封書を書くときと同じ手順でしょう。ただ、注意したいのは、遺言書は許可を得ずに開けてはいけません。そのため、「遺言者の死後、開封せずに家庭裁判所に提出して、検認を受けること」と書いておくと、遺族も困らないはずです。

どこで自筆の遺言書を保管するか？

保管場所や保管方法に関する、法的な定めはありません。

一般的には、自宅の安全な場所に保管します。銀行の通帳や不動産の権利証などと同様に、金庫や机の引き出し、箪笥などに保管するのが一般的です。それは、見つかりにくいと死後に遺族が見つけられないリスクが高いことと、逆に見つかりやすいと改ざんされるリスクがあるためです。

自宅以外の場所では、銀行の貸金庫が考えられます。ただ、銀行によっては遺言者の死後に金庫を開ける場合は、「相続人全員の同意が必要」であるためかなり手続きが複雑になります。安全な場所ではあるものの、あまりお勧めできません。

遺言者の死亡の連絡が必ず伝わる関係者で、信頼できる相続人や親戚に託したり、弁護士や司法書士等の専門家に遺言書を預けておいたりすると確実です。

また後掲（186ページ）の「遺言書に関するＦＡＱ」のＱ２で、法務局に預ける制度も説明しております。そちらも参考にしてください。

事例

10 20年前に書かれた遺言書を放置していたためにトラブルが起こってしまった古山家の場合

ポイント

公正証書遺言書が作成されたのは父親が亡くなった20年前。そのときと母親が亡くなった今とでは状況が大きく変わってしまっており、孫たちも含め子どもたち家族が対立してしまい…。

古山さん一族の相続に関する実例です。

古山家の家族構成は、父親（20年前に死去・享年80歳）、母親（今年死去・享年95歳）、長女（72歳）、長男（5年前に死去・享年69歳）、次男（3年前に死去・享年66歳）、次女（62歳）。その他、長男と次男にそれぞれ娘が2人ずつ。

20年前に父親が病気で死亡した際の遺産分割協議で、相続された財産の総額は約1億5000万円。

相続の内訳は、実家不動産（土地＋建物・５０００万円）を母親50％、当時母親と同居していた次男（既婚／世帯あり）・次女（独身）が各25％ずつ相続。

実家の隣の土地（父親名義・２５００万円）に長女が家を建てて住んでおり、その土地の名義を母親と長女が50％ずつ相続。

預貯金３０００万円を、他県に世帯を持つ長男が２０００万円、残りの１０００万円を母親が相続した。

父親の死亡時の遺産分割協議と同時に、母親による遺言書が作成されました。遺言書は、公正証書遺言書の方式でした。

遺言書の内容は、自宅不動産の母親名義分を次男・次女が半分ずつ相続。これで自宅不動産は次男次女が50％ずつの共有名義となります。

長女の住む土地の母親名義分を長女が相続。これで長女宅の土地は１００％長女の名義となります。

そして、預貯金５００万円を長男が相続する。

4人の兄弟姉妹が、両親から最終的に相続する財産額がなるべく同額になるように、父の相続時に母を含めて5名が話し合って決めたようです。

父親の死亡から20年後、母親が死去しました。母親の49日が終わり、実家不動産を売却するための名義変更手続きの件で、次女が私のもとを訪れました。

事例10

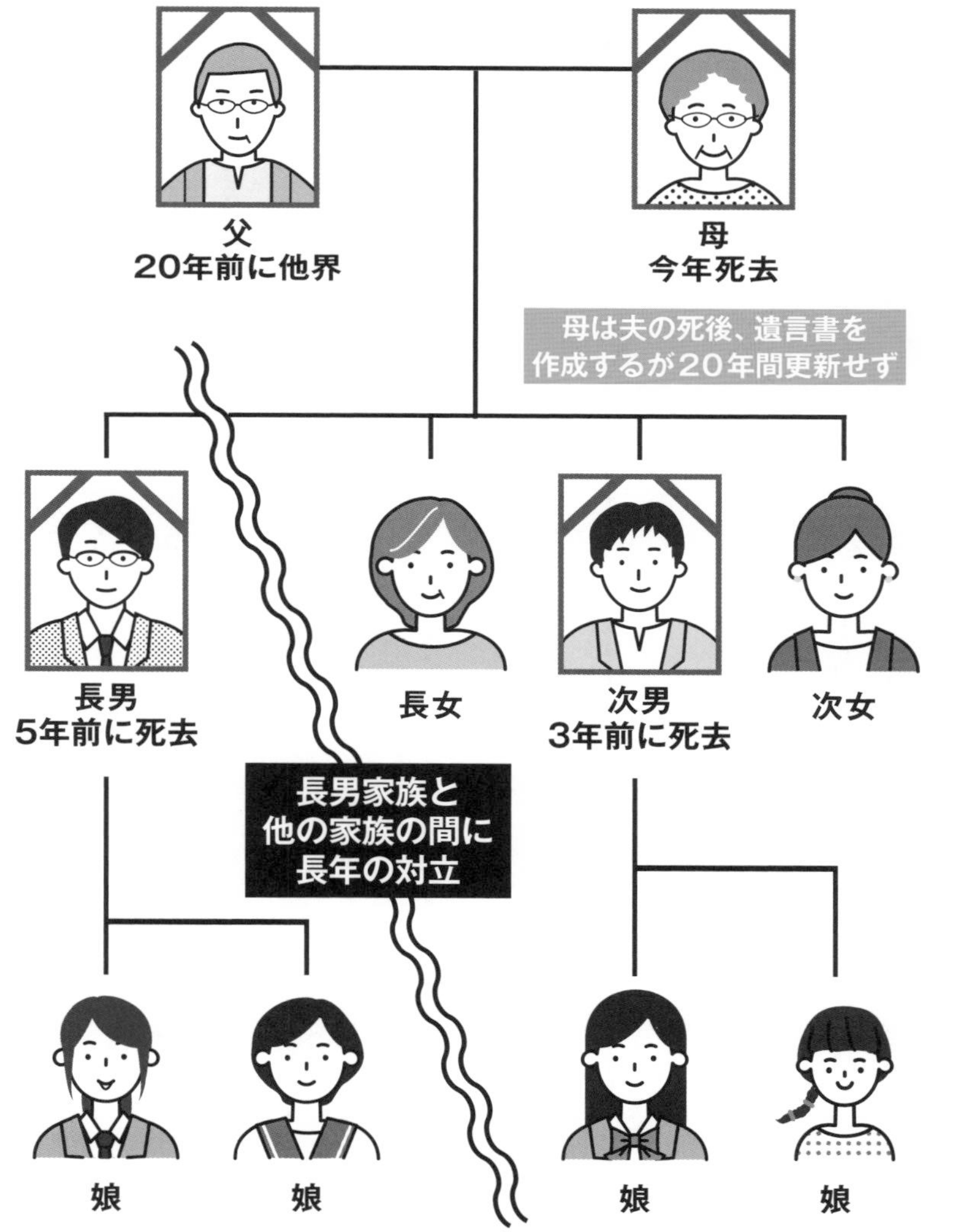
父
20年前に他界
母
今年死去
母は夫の死後、遺言書を
作成するが20年間更新せず
長男
5年前に死去
長女
次男
3年前に死去
次女
長男家族と
他の家族の間に
長年の対立
娘
娘
娘
娘

自宅の名義を変更するためには、母親の遺産相続手続きを終わらせる必要があります。20年前に母親が作成した公正証書遺言書を確認したところ、大きな問題があることがわかりました。

作成されてから20年間、遺言書は一切書き換えられておりません。しかし、現実の古山さん一族には、いくつかの重大な変化がありました。

5年前、長男が大病を患い入院した際に、母親から長男に治療費として定期預金500万円を解約して渡しました。これは、母親の死亡時に長男に渡るはずの現金500万円を相続の前渡しの意味合いで、生前贈与をしたようです。

その後、闘病の果てに長男が病没します。

そして3年前、次男も急病で死去しました。

長男・次男の死により、遺言書に記された相続人のうち2人がこの世にいないという状態となりました。

通常の法定相続では、親が死去していた場合はその子どもが相続権を引き継ぎます。これを代襲相続といいます。

しかし、遺言書による相続においては、この代襲相続が適用されないのです。受遺者（遺言により財産を取得する者）がすでに亡くなっていた場合、その受遺者の遺贈部分に関しては遺言が無効となるのです。生存する相続人に関する部分は遺言どおりに相続されます。

古山さん一族の場合どういうことになるかといえば、遺言書が作成された後に亡くなった長男と次男に相続させようとした部分は遺言の効力が失われます。無効となった分は、遺産分割協議にて相続人全員でどのように分割するかを話し合うこととなります。

ただ、長男の相続については、預貯金は数百万ほどしか残ってはいませんが、生前贈与として500万円を長男に渡したとのことで問題はなさそうです。また次男が相続する予定だった自宅不動産の25%の権利も、遺産分割協議が必要ですが、父親が亡くなった際の5名の取り決めどおりに相続されるのではないかと予想される案件でした。

しかし、そのようにすんなりとはいきませんでした。長男の娘たちが異議を申立てたのです。

「祖母（※文中では母親）が父（※文中では長男）に500万円を生前贈与したという話は、叔母たちが言っているだけであり、私たちは父からも母からも聞いておりません。それに、祖母にとっては私たち姉妹も、従姉妹たち（次男の娘たち）も同じ孫です。従姉妹たちが実家の名義の一部を相続して、私たちにはほぼ何も相続されないのは不公平だと思います」

遺言に書かれていた次男への相続分（実家不動産名義25%）は、次男の娘たちが全部相続することを認めず、法定相続分を取得したいという主張でした。

親族の1人からヒアリングしたところによれば、話のもつれの原因は古くから続く、親族間の心理的な確執とのことでした。

「亡くなった母親と長男の嫁が折り合いが悪く、そのせいで長男一家だけが家を離れたわけです。それ以来、長男一家と他の家の人間とは、反目し合う関係でして、長男一家は法事にも顔を出しません。長男の家の娘たちと、次男の家の娘たちは、血のつながった従姉妹同士とはいえ、大人たちからお互いに相手の家の悪い部分を吹き込まれて育ちましたもので、今回、遺産の件で顔を合わせたときも結局感情的なぶつかり合いとなってしまいまして…」

私が間に入りながらも、とても当事者同士で話し合いをつけられる状態にはなく、家庭裁判所での調停に持ち込まれることとなりました。最終的に調停が成立するまで3年も要したそうです。

このような泥沼状態になってしまった要因は、父親の死亡時に書かれた母の遺言を長年放置してしまったことにあるといえます。また、遺言書には個々の相続人が遺言者より先に亡くなった際に備えて、その相続分を誰に渡すかを書くこともできます。

遺言書絡みの相続トラブルは非常に多くあります。公正証書遺言書にしたから全て安心ということはありません。後々の親族間のトラブルを避けるために作成した遺言書が、トラブルの原因となってしまっては残念です。相続人や資産の状況に合わせての定期的な見直しを心がけましょう。

事例10 のポイント

20年前、父親死去

・自宅不動産の50%を母親が、次男と次女が残りの 25%ずつを相続。
・実家の隣の長女が住んでいる土地の名義を、母親と長女が50% ずつ相続。
・預貯金3000万円のうち、2000万円を長男、1000万円を母親が相続。

母親死去時の公正証書遺言書を作成

遺言書の内容

・自宅不動産の母親名義分を次男・次女が半分ずつ相続。
→自宅不動産は次男次女が50%ずつの共有名義に。
・長女の住む土地の母親名義分を長女が相続。
→長女宅の土地は100%長女の名義に。
・預貯金 500万円を長男が相続。

↓

20年後、母親死去。それ以前に長男、次男も死去。

・遺言書に記載された相続人が死去していたため、遺産分割協議で話し合うことになった。

メモ　遺言書による相続の場合、相続人が亡くなっていたとき、その相続人の相続に関しては遺言が無効となる

次男側遺族の言い分

◉ 長男が大病したときに治療費で500万円を生前贈与として渡していたので、すでに長男側は相続分全てを受領済み。

×

長男側遺族の言い分

◉ 500万円の生前贈与の件は聞いていない。
◉ 従兄弟たちだけが実家の名義を相続するのは納得がいかない。

結果　結局話し合いがつかず、家庭裁判所での調停に持ち込まれることになった。解決まで3年も要した。

どうすればよかった…？

父親の死去時、公正証書遺言書を作ったことで安心せず、その後の状況の変化に応じて定期的に見直すべきだった。

遺言書を作成する際の5つの注意点　その②

②　遺言書の定期的な見直し

遺言書を作成した後、定期的に現在の家族や資産の状況やご自身の想いとの間に変化がないかを見直すことは重要です。毎年、正月三が日が終わった後に書き直す方もいます。今回のように、作成当時、想定していなかったこと（お子さんが先に死去）が起きたら、特に変更する必要性があります。

受遺者（遺言により財産を取得する方）が遺言者より先に死亡した場合、受遺者の相続人が受遺者が取得する予定だった財産を取得できるわけではありません。遺言のその部分は効力がなくなるので、相続人全員で遺産分割協議をする必要があります。

従前、独り身の高齢男性が近くに住む唯一の親族である姪にすべての財産を取得させる旨の自筆証書遺言を作成していた事例がありました。姪そして旦那さんが日常生活の買い物など身の回りの支援をしていたことから、高齢男性は遺言書を作成したのだと思います。

男性が亡くなった際、総資産8000万円がありました。しかし、その2年前に姪が急死しておりました。姪の旦那さん曰く、妻が亡くなった後も、義叔父が施設に入所する際、身元保証人になり、必要なときに病院への送り迎えをしていたそうです。

男性は姪が亡くなった後に遺言書を変更することはなく、また、この後説明する予備的条項（姪が先に亡くなった場合の措置）も当初の遺言書に盛り込んでおりませんでした。そのため、男性の相続財産8000万円は相続人に該当する者がいないということで、最終的に国に帰属することになりました。

姪夫婦の貢献に報いるため、密かに遺言書を作成していた男性ですから、きっと、姪が先に亡くなっていたとしても、旦那さんが自身の財産を取得すると勘違いされていたのではと思います。

事例10、そしてこの事例のように、遺言者より先に受遺者が死亡していたケースの相談はよくありますので、受遺者が死亡したときは必ず、遺言書の書き換えを行いましょう。

また、受遺者が先に死亡する事態を想定して、遺言書を作成する際に、予備的条項を盛り込むこともお勧めしております。予備的条項とは、遺言者より受遺者が先に死亡していた際、その受遺者が取得する予定だった財産を、誰に取得させるかを遺言書に予め盛り込んでおくということです。予備的条項を盛り込んでおけば、不測の事態が生じても、事例10のような遺産分割協議は不要ですし、先の高齢の男性のように財産が国に帰属することはありません。

次に、遺言書の変更に関するよくある質問をご紹介します。

【Q】72歳の男性からの質問です。

「3年前に公証役場で遺言書を作成しました。自宅を長男に相続させる内容でしたが、長男がマイホームを購入し、自分の死後、自宅を相続することを辞退したため、次男に相続させることになりました。また、公証役場で一から作り直しが必要でしょうか？」

【A】遺言書は、一部の変更も可能。変更の際、遺言書の方式は従前の方式と異なってもOKです。

遺言書の変更は、もちろん全て書き直ししても良いですが、一部分でも結構です。一部分を変更したとすると、旧遺言書（自宅を長男へ）と新遺言書（自宅を次男へ）の2本の遺言書が存在することになります。2つ以上の遺言書が存在し、矛盾・抵触する内容については、後に作成した遺言書の内容が優先されることになります。そのため、自宅については、新遺言書により次男が相続することになります。また、自宅以外の財産の帰属先などの内容については、旧遺言書が有効のままです。

遺言書を変更する際は、従前の方式とは異なる方式で作成しても構いません。相談者は従前、公正証書遺言で作成しておりましたが、今回変更する際は、自筆証書遺言や秘密証書遺言で作成することも可能です。再度、公正証書遺言で変更する場合でも、当初作成の際に利用した公証役場以外の公証役場での作成も可能です。ただし、別の公証役場で作成する場合、従前の公証役場より手間がかかりますので、なるべく同じ役場で変更することをお勧めします。

【Q】76歳女性からの質問です。

「先日、娘の協力を得て銀行口座の整理をし、1口座にまとめました。以前、作成した遺言書にはその口座以外に閉鎖した4つの銀行口座が含まれています。遺言書を変更したほうがいいでしょうか？」

【A】遺言書作成後、銀行口座を閉鎖したり、不動産を売却したとしても、変更は必須ではありません。

遺言作成当時から、財産内容が変わるケースはよくあります。もちろん、新たに不動産を購入したり、証券口座を開設したという場合は、当初の遺言書に盛り込まれていないため、遺言書の変更（その財産を誰に取得させるか）をすべきです。

しかし、今回のご質問のように当初の遺言書に盛り込んだ銀行口座を解約したり、不動産を売却した場合、遺言者の死亡後、遺言者の相続財産として存在しなかったとして処理し、遺言全体の効力に影響しません。そのため、遺言書を変更することは、必須ではありません。

存在しなくなった財産を盛り込んでおきたくないと感じる方のみ、書き直ししましょう。

事例

11

父親が息子たちに残した心のこもった付言事項によりスムーズに相続できた小野田家の場合

ポイント

父親の遺言書どおりに遺産を分割すると、次男と三男は相続できる取り分が遺留分よりも下回ってしまう。これを請求するのは正当な権利だが、父親は息子たちが争わないことを願い、付言事項を残していた。

私が開催している相続に関するセミナーに参加していただいた小野田さん一家のお話です。セミナーを受講されたのは、小野田家の父親と長男です。セミナーの後に遺言書作成の個別相談を受けました。

小野田さんの家族構成は父親（72歳）、長男（48歳）、次男（45歳）、三男（41歳）です。母親は数年前に亡くなっています。

事例11

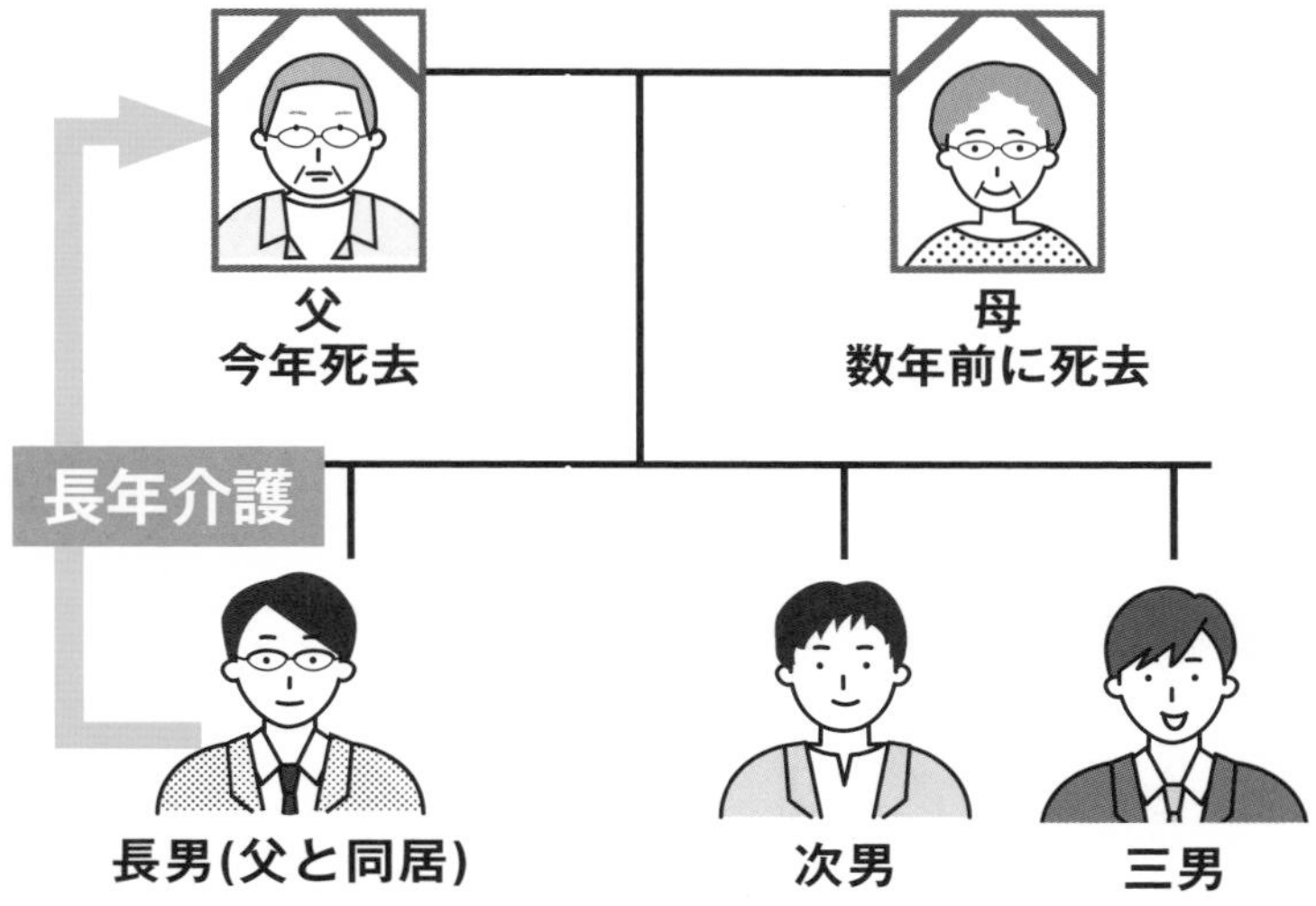

父親と長男（独身）は、実家にて二人暮らし。持病のある父親の身の回りの世話を長男がしています。父親の病気発覚とともに勤め先に事情を話して、自宅近くの職場に転勤させてもらい、毎日昼休みにも父親の様子を見に行くなど、仕事と介護を両立させた生活をしています。

次男と三男はそれぞれ独立して世帯を持ち暮らしています。

そのような経緯の中で、父親が自分の死後、実家不動産の権利を100％長男に相続させたいと考えるようになりました。献身的な介護に報いたいという気持ちと、独り身の長男の将来を案じてのことです。次男と三男はすでにマイホームを持っており、居住の心配はありません。

しかし、小野田家の遺言書作成には一点、

気をつけなくてはならない点がありました。次男と三男の遺留分についてです。

小野田家の主な資産は、自宅不動産（約8000万円）、預貯金（約1000万円）、有価証券（約1000万円）、合計約1億円となります。資産全体の8割を自宅不動産が占める状態です。もし遺言書によって、自宅不動産の名義を100％長男に相続させて、預貯金と有価証券を1／2（約1000万円）ずつを次男と三男に相続させたとすると、次男と三男の取り分は遺留分を下回ることになります。

遺留分とは、一定の相続人に対して、遺言によっても奪うことのできない遺産の一定割合の保障分のことです。小野田家のように子どもたちのみが相続人となる場合、法定相続分の1／2となります。1億円の相続ですので、法定相続は兄弟3人が1／3＝約3300万円ずつ。遺留分は、その1／2＝約1650万円となります。

小野田家の場合、次男と三男は、遺言書にて相続を約1000万円と指定されていたとしても、遺留分に達しない650万円ずつを長男に請求（遺留分侵害請求）することができます。

長男は、それだけの現金を持っておらず、最悪の場合、自宅を売却して現金を作らざるを得ないことになります。それでは元も子もありません。

そのような相続のゴタゴタを避けるためには、次男と三男に、理解と納得をしてもらう必要があります。

そこで父親には、自宅名義を100％長男に、預貯金と有価証券を次男と三男に50％ずつ相続させる内容とともに、３人の息子たちに向けて、自分の想いや伝えたいこと、最後の願いなどを記して残してほしいと依頼しました。

２週間ほどしてご自宅にお伺いしたところ、父親は、大学ノート６ページに及ぶ手紙を書いてくれていました。

そこには、ご自身が生まれてからのこと、子どもたちが生まれた喜び、子育てをする中でさまざまに感じたこと、子どもたちが大学を出て社会人になっていったことへの想い、先立った母親（妻）のこと、年老いて病気をした自分を見守り、献身的に介護してくれた長男のこと、そして自分の死後、自宅にひとり暮らす長男に何かあった際は、兄弟力を合わせて長男を助けてほしいという願いが、書き記されていました。

この大学ノートの内容をもとに、遺言書をまとめ直しました。このように遺言書の最後に、遺言書を書いた経緯や理由、家族などへの想いを記した部分を付言事項といいます。

公正証書として完成させるために公証役場に持ち込んだ際に、公証人も「このように家族への想いが込められた遺言書を扱うのは初めてです」と感心していました。

遺言書作成から6年後、父親の病状が急変して亡くなったとの連絡が入りました。私が遺言執行者を務めることになっていたため、財産目録など必要書類をまとめて、小野田家の兄弟３人に集まってもらい面談をしました。次男・三男は、遺言書の存在は知らされていましたが、内容までは知らされていませんでした。

私が遺言書を読み上げて付言事項の部分に達すると、兄弟たちは皆、ハンカチで涙を拭いておりました。私も6年前、一生懸命心を込めて遺言書を作成していた父親の姿が瞼に浮かび、涙で遺言書の文字がぼやけて困りました。次男と三男は、

「親父がこんなことを考えて、俺たち兄弟のことをこんなに心配してくれていたなんて知りませんでした。生きている間にもっと話せればよかったと今更ながら思います。しかし、亡くなった後にということにはなりましたが、こうして親父の言葉に触れることができて本当に嬉しいです。兄貴（長男）がいままでどれだけ親父の面倒を見てくれていたかもあらためて知りました。本当にお疲れ様とありがとうの気持ちでいっぱいです」

と、口々にそう仰り、長男が自宅名義を１００％相続することに了承いただきました。さらに、預貯金と有価証券の金融資産に関しても、長男を含めた兄弟で3等分したいと申し出てくれました。

相続とは、各家庭における個々の状況が反映されるものです。子どもたちに均等に財産を分けることができないケースも多々あります。また日本ではどうしても財産における不動産の割合が高いことが多く、同居する子どもに自宅名義を１００％相続させたいと思っても、遺留分の壁にぶつかる場合が出てきがちです。通常の遺言書のみでは相続争いの火種になりかねません。そう言った場合、小野田さんのケースのように付言事項を付け加えることにより、想いのこもった遺言書となり、スムーズな相続の一助となる場合があります。

事例11 のポイント

・実家で長男と二人暮らし。長年持病あり。
・長男（独身）は長年にわたり、父親の身の回りの世話をしていた。
・次男と三男はそれぞれ独立して世帯を持っている。

小野田家の主な資産

自宅不動産（約8000万円）、預貯金（約1000万円）
有価証券（約1000万円）→合計約１億円

法律の定める子ども一人当たりの遺留分は約1650万円

遺留分とは遺言書の効力が届かない最低限の割合の相続分。子どものみの相続の場合は法定相続分の 1/2。今回のケースでは
¥100,000,000（総資産）÷３（人数）÷２＝約¥16,500,000

父親の希望

・長年の世話への感謝から、自宅不動産をすべて長男に相続させたい。
・金融資産は次男と三男で 50％ずつ相続。

問題

・資産の大部分を不動産が占めるため、次男三男の取り分は約1000万円になってしまう。
→遺留分を下回ってしまい、長男は自宅を売却して現金を作らなくてはならない。

対策

・遺言書を作成した際に、これまでの事情と父親の思いを綴った文書を添えた（付言事項）。

結果

父親の思いにふれた次男三男は、長男が自宅の名義を100％相続することを了承。さらに預貯金と有価証券の金融資産に関しても、長男を含めた兄弟で３等分することに兄弟で合意。円満相続となった。

遺言書を作成する際の5つの注意点 その③〜⑤

本事例でポイントになった3つのポイントを解説します。なお、3つのポイントは、遺言書を作成する際の5つの注意点にもなります。

③ 遺留分に注意

遺言書で財産を渡す先を指定する場合、法定相続より遺言書が優先されます。奥様やお子さんの各々の法定相続分に捉われず、ご自身が公平と考えるとおりに資産の配分を決めることが可能です。だからといって、家族の一人ひいては全くの第三者にすべての資産を取得させるとするのは行き過ぎかもしれません。事例2で解説したとおり、配偶者、子、親には遺留分（遺産から取得が保証される一定の割合）があります。法定相続分より優先される遺言書であっても、この遺留分を下回る分配内容だったとき、遺言書により資産を取得した方は、遺留分の権利を保有する相続人から、遺留分を満たす額を請求されることになります（遺留分侵害額請求）。ご自身が遺言により遺産を渡したいと思った方が、ご自身の死亡後、遺産を相続することで争いに巻き込まれることになりうるということです。

そこで、遺言書の文案を検討するにあたっては、以下のステップを踏むことをお勧めします。

① 誰にどの遺産をどれくらい渡したいかを書き出す
② 現時点での各遺産の金額と遺産総額を算出する
③ 右記①と②をもとに、各相続人が相続する財産額を計算する
④ 相続人各自の遺留分金額を計算する
⑤ 右記③と④を比較し、相続人ごとに遺留分を下回るかどうか、下回るとして不足額がどれくらいかを確認する

遺留分金額を計算する際は、全ての資産を相続発生時の時価で評価します。特に不動産については、注意しましょう。相続税申告の際に評価した金額は、時価ではありません。固定資産税評価額を0・7で割り戻した金額が時価の目安になりますので、固定資産税納税通知書をもとに計算してみましょう。

そして、左記のステップに沿って遺留分金額などを確認した後は、遺留分を下回る金額の相続人に対して、預貯金等で調整できないか検討しましょう。

今回の事例11の小野田さんのように総遺産に占める不動産の割合が80％以上を超える方も多いかと思います。この場合、万一、遺留分侵害額請求されたとき、不動産を相続した者は、ポケットマネーで支払えなければ、不動産を現金化せざるを得ない事態になるかもしれません。そのため、このようなケースの場合、ご自身が健在の間に家族に対して、自身が亡くなった後の遺産の分配内容を伝え、理解してもらう機会をもつことをお勧めします。

家族を集めて、ご自身の気持ちを伝えることに躊躇する方も多いと思います。その場合は、次の遺言書を作成する際の5つの注意点で解説する、付言事項を遺言書にぜひ盛り込んでください。

④ 付言事項を盛り込む

遺言書の内容は、法的拘束力をもつ法定遺言事項と、法的拘束力をもたない付言事項に大別できます。

法定遺言事項としては、次のような種類・内容があります。

（1）相続に関すること
・相続分の指定・指定の委託
・遺産分割方法の指定・指定の委託

・5年以内の遺産分割の禁止
・遺留分侵害額請求の方法の指定
・相続人の廃除・その取り消し
・遺言執行者の指定・指定の委託　など

（2）身分に関すること
・非嫡出子の認知
・未成年者の後見人の指定

一方、付言事項は、法定遺言事項に該当しない内容であり、法的拘束力をもちません。そうすると、皆さん、付言事項を盛り込む必要性がないと考えるのではないでしょうか。しかし、付言事項は、とても重要な役割を担っております。遺言者が相続人に贈るラストメッセージを付言事項として盛り込むことができるからです。遺言書を残すことにした経緯、遺産の分配内容を決めた理由、相続人への感謝の気持ち、そして、小野田さんのようにご自身がどういう想いで子どもたちを育ててきたか、子どもたちにこれからどのような人生を歩んでほしいかなど遺言者の想いを自由に残すことができます。

遺言者が考える、遺産の公平な分け方は、相続人の立場からすると、不公平と感じるかもしれません。実際、不公平と感じた相続人が、他の相続人へ遺留分侵害額請求をした事案を多くみてきました。遺言者が付言事項により、法定相続分または遺留分を下回る財産額しか渡せない相続人に対して、その理由やこれまでの感謝・労いの気持ちを伝えることでその相続人の不平不満が解消するかもしれません。

ここで気をつけてほしいことは、付言事項を盛り込む際は、あくまで相続人の心を温めたり、故人の気持ちに共感する内容にすることです。相続人への愚痴や不満、失望させる内容はかえって憎しみを生み、相続間の争いを増長することになりかねません。「立つ鳥跡を濁さず」ということわざが、付言事項にぴったり当てはまると思います。

ぜひ、円満な相続を実現するため、付言事項を遺言書の末尾に盛り込みましょう。

⑤ 遺言執行者の指定

遺言執行者とは、遺言者の死後、遺言の内容を実現実行していく人です。遺言執行者には、遺言の内容を実現するために必要な一切の行為をする権限が認められますが、遺言執行者の指定が必須というわけではありません。

しかし、遺言執行者を指定しておくと、①遺言の内容を確実に実行でき、②相続人の負担を軽減することができるメリットがあります。

① 遺言の内容を確実に実行できる

自筆証書遺言の場合、死後、遺言書が発見されないリスクや破棄されるリスクがありますが、遺言執行者を指定し、指定された者に遺言書の保管場所を伝えておいたり、保管させておけば、そのようなリスクを排除できます。

また、相続人以外の第三者（生前、お世話になった知人友人、公共団体、ボランティア団体など）に一定の金額を遺贈や寄付することを遺言書に盛り込んでいた場合、死後、相続人が自身の利益につながらないことから、遺贈や寄付を放置する可能性もありますが、遺言執行者を指定しておけば、遺言執行者が責任をもって実行します。

② 相続人の負担を軽減できる

遺言執行者を盛り込んでいない場合、相続人全員が協力して遺言書の内容に沿って不動産の名義変更や預貯金の解約をする必要があります。しかし、遺言書の内容に不満がある方、施設に入所している、または入院中の方、または音信不通の相続人がいる場合、中々手続きが進まないリスクがあります。

一方、遺言執行者を指定しておけば、相続人の協力が必要なく、単独で手続きをすることができます。

遺言執行者を指定（選任）する方法は次のとおりです。

① 遺言書の中で指定
② 遺言書の中で第三者に指定を委託
③ 遺言者の死後、家庭裁判所に選任申立て

もし、死去した家族の遺言書に遺言執行者の指定がなくても、③のとおり、家庭裁判所に選任してもらうことが可能です。


続いて、誰が遺言執行者になれるかですが、未成年者や破産者以外の方は就任できます。

ただし、遺言執行には、民法やその関連法規の知識が必要であり、手続きが煩雑です。

また、関係が良くない相続人がいる場合でも、遺言執行に際して、連絡を取る必要があります。そのため、中立的な第三者であり、かつ司法書士や弁護士などの専門家に遺言執行者を任せるのが望ましいです。

遺言書に関するFAQ

【Q1】遺言書は何歳から作成できるの？

【A】 民法961条に「15歳に達した者は、遺言をすることができる」とあります。

遺言の趣旨は「できるだけ遺言者の最後の意思を尊重する」ということなので、遺言の意味を理解できる年齢であればよく、15歳という年齢が定められています。

【Q2】手書きの遺言書（自筆証書遺言）を法務局に預けることができると聞きました。どのような制度ですか？

【A】 自筆証書遺言書のパートで説明したとおり、自筆証書遺言書は紛失または死後、発見されないリスクや、相続人による遺言書の廃棄、隠匿、改ざんのリスクがあります。そのようなリスクを排除し、皆さまが遺言書を残しやすい環境を整えるため、令和2年7月から法務局による保管制度の運用を開始しました。法務局に自筆証書遺言書を保管させるメリットは、次の2点です。

① 遺言者の死後、家庭裁判所の検認手続きが不要になる点。

これまで自筆証書遺言書の場合、家庭裁判所の検認手続きを経由しなければ、不動産の相続登記や銀行預金の解約ができず、余分な時間がかかりました。しかし、法務局に保管させることで、この時間を短縮することが可能になりました。

② 相続人が法務局に遺言書があるかどうかを確認請求することが可能になった。

従前、公正証書遺言の場合は、公証役場に照会をかければ、相続人は故人が公正証書遺言を作成していたかどうかを確認できました。それと同様に、自筆証書遺言書の場合も、法務局に照会をかければ、故人が法務局に自筆証書遺言書を保管させていたかどうかを確認できるようになりました。

●注意点　法務局は自筆証書遺言書を保管するだけで、自筆証書遺言書の内容に関する相談には応じてくれません。また、保管した遺言書の有効性を保証してくれるものでもありません。

法務局による保管までの流れ

①　自筆証書遺言書を作成する

法務局に保管させる場合には5点の注意点があります。

1　用紙のサイズはＡ４のみ

2　必ず、最低限、上部5ミリメートル、下部10ミリメートル、左20ミリメートル、右5ミリメートルの余白をそれぞれ確保する。

3　片面のみに書き、1枚の用紙の両面に書くのはNG
4　各ページにページ番号を書き、ページ番号も必ず上記2の余白内に書く。
例）1／2、2／2（総ページ数もわかるように書く）
5　複数ページがある場合でも、ホチキス等で綴じずにバラバラのままにしておき、封筒も不要。

② 保管申請書の作成

最寄りの法務局で用紙を取得するか、法務省のホームページからダウンロードして作成してください。

③ 法務局を決定

保管先の法務局は決められております。
・遺言者の住所地を管轄する法務局
・遺言者の本籍地を管轄する法務局
・遺言者が所有する不動産の所在地を管轄する法務局
例）東京の場合　本局、板橋出張所、八王子支局、府中支局、西多摩支局

④ 法務局へ事前予約

予約せずに法務局に訪問しても、受付してくれません。事前にご本人が予約する必要があります。当日予約はできず、また、30日先までが予約が可能な期間です。夫婦で手続きしたい場合、1人ごとに予約が必要になります。

⑤ 予約した日時に法務局を訪問

本人が直接訪問する必要があります。

持参する物　作成済みの遺言書　保管申請書　本籍記載入り住民票

本人確認書類（顔写真付き必須）　法務局手数料3900円

⑥ 訪問日当日、法務局から保管証を受領（手続き終了）

【Q3】病気や高齢のため、または、読み書きができないため文字が書けません。遺言の方法は？

【A】 公正証書遺言を残すとよいでしょう。遺言者は、公証人に遺言の内容を話して筆記してもらいます。公証人は筆記内容を遺言者と証人に読み聞かせ、間違いないことを確認後、各自署名押印します。遺言者が署名できなくても公証人がその理由を記載するので大丈夫です。病床へ出向いてもらうことも可能です。

【Q4】遺言書を手書きするのは面倒なので、録音または録画で済ませることはできませんか？

【A】遺言書の内容を録音または録画しても、効力はありません。遺言書は書面で遺す必要があります。手書きが面倒と感じるのであれば、公正証書遺言または秘密証書遺言の作成をお勧めします。なお、「付言事項（180ページ）」の内容は、録音または録画で残すのは効果的かもしれません。付言事項は、前述したとおり、遺族へ想いを伝える部分です。書面よりも、あなたの肉声のほうが、想いがより伝わりやすいのではないでしょうか。

【Q5】母の葬儀が無事終了した後、遺品整理をしていたら、「遺言書」と書かれた封筒を発見しました。他の兄弟に連絡し、全員の前で開封し中身を確認したほうがよろしいでしょうか。

【A】封書の中身が遺言書である可能性がある場合、家庭裁判所の法廷以外の場所で勝手に開封すると、5万円以下の過料を支払わなければなりません（民法第1005条）。そのため、相続人全員を招集したとしても封書を開封せず、家庭裁判所の検認の申立てをしましょう。

【Q6】先日、92歳の父が他界しました。自宅の金庫と銀行の貸金庫からそれぞれ「遺言書在中」という封書が1通ずつ出てきました。封筒の裏面に日付が入っており、自宅の金庫から発見した封書の方が古い日付でした。どのような手続きが必要ですか。

【A】まず、Q5で説明したとおり、封筒内に手書きの遺言（自筆証書遺言書）が入っている可能性が高い場合、2通とも家庭裁判所の検認手続を経る必要があります。

その後、家庭裁判所の法廷で2通とも開封されますが、この検認手続きではどちらが有効か判断することはありません。

開封された2通の自筆証書遺言書がともに要式が整っていた場合、内容を確認します。

両者に矛盾抵触する内容があれば、死亡日に近い日付で作成された遺言書がその部分につき、有効となります。一方で、矛盾抵触しない内容がそれぞれにある場合、どちらも有効ですので、2通の遺言書を使い分けしながら、相続手続きを行っていくことになります。

【Q7】雑誌に「エンディングノート」を残したほうがいいと記載されていました。「エンディングノート」と遺言書の違いがいまいちわかりません。

【A】エンディングノートと遺言書の違いを、①その内容、②効力、③様式の3つにより説明します。

エンディングノートは、遺言書と異なり、法的効力はありません。しかし、ご自身のこれまでの人生の棚卸し、そして、これからの余生をどうありたいかを見つめ直す良いきっかけになり、充実した今後の人生を送る一助になると思います。

また、現在、あらゆる生活の場面でオンライン化が進み、電子契約・オンライン決済で各種契約が済むため、自宅に各サービス提供業者から郵便物が届かず、家族内でも個人ごとに誰とどのような契約をしているかわかりにくくなってきています。

そのため、ご自身がどのような契約をしているか、オンライン銀行口座の情報などをエンディングノートに残しておくことも重要です。

ぜひ一度、市販されているエンディングノートを購入し、ご自身の希望や家族に伝えるべきことを書いてみましょう。

遺言書とエンディングノートの違い

	遺言書	エンディングノート
内容	①相続に関すること ・相続分の指定・指定の委託 ・遺産分割方法の指定・指定の委託 ・5年以内の遺産分割の禁止 ・遺留分侵害請求の方法の指定 ・相続人の廃除・その取り消し ・遺言執行者の指定・指定の委託　など ②身分に関すること ・非摘出子の認知 ・未成年者の後見人の指定	①医療・延命措置について ②介護について ③葬儀について ④納骨又は散骨について ※上記に関するご自分の希望を家族に伝える。 ⑤財産の内容について ⑥各種契約の内容について ※上記に関する個人の情報を残し、死後、家族がスムーズに相続手続きを行えるようにするため、情報を整理しておく。
効力	法的効力がある。つまり遺族・相続人は、原則、遺言書の内容に従わざるを得ない。	法的効力がない。家族がエンディングノートの内容に強制されることはない。
様式	自筆証書・公正証書・秘密証書など法律で様式が決まっている。	様式・残し方は自由。手書き又はパソコンで作成しても良い。

第 4 章

認知症と家族信託に関する解説と事例

認知症の現状

ここまで、本書では事例をあげて解説しながら、次の事項について説明をしてきました。

・相続対策をなぜしなければならないのか
・なぜなるべく早く相続対策をしなければならないのか

ここからは、高齢化が著しく進んでいる日本社会で高齢者とその家族が、今後、直面する問題と、その対策を解説していきます。

今後、高齢者とその家族が直面する問題の起因は、「認知症」です。２０２０年の内閣府の調査では、65歳以上の高齢者の認知症有病率は16・7％、約６０２万人となっており、６人に1人程度が認知症有病者でした。さらに団塊の世代が後期高齢者になる２０２５年には5人に1人、約40年後の２０６０年には、高齢者は３人に1人になると予想されています。

認知症高齢者が年々増加することから、相続対策と併せて認知症に起因する問題も未然に予防する

〈認知症の人の推定人数・有病率の将来予測〉

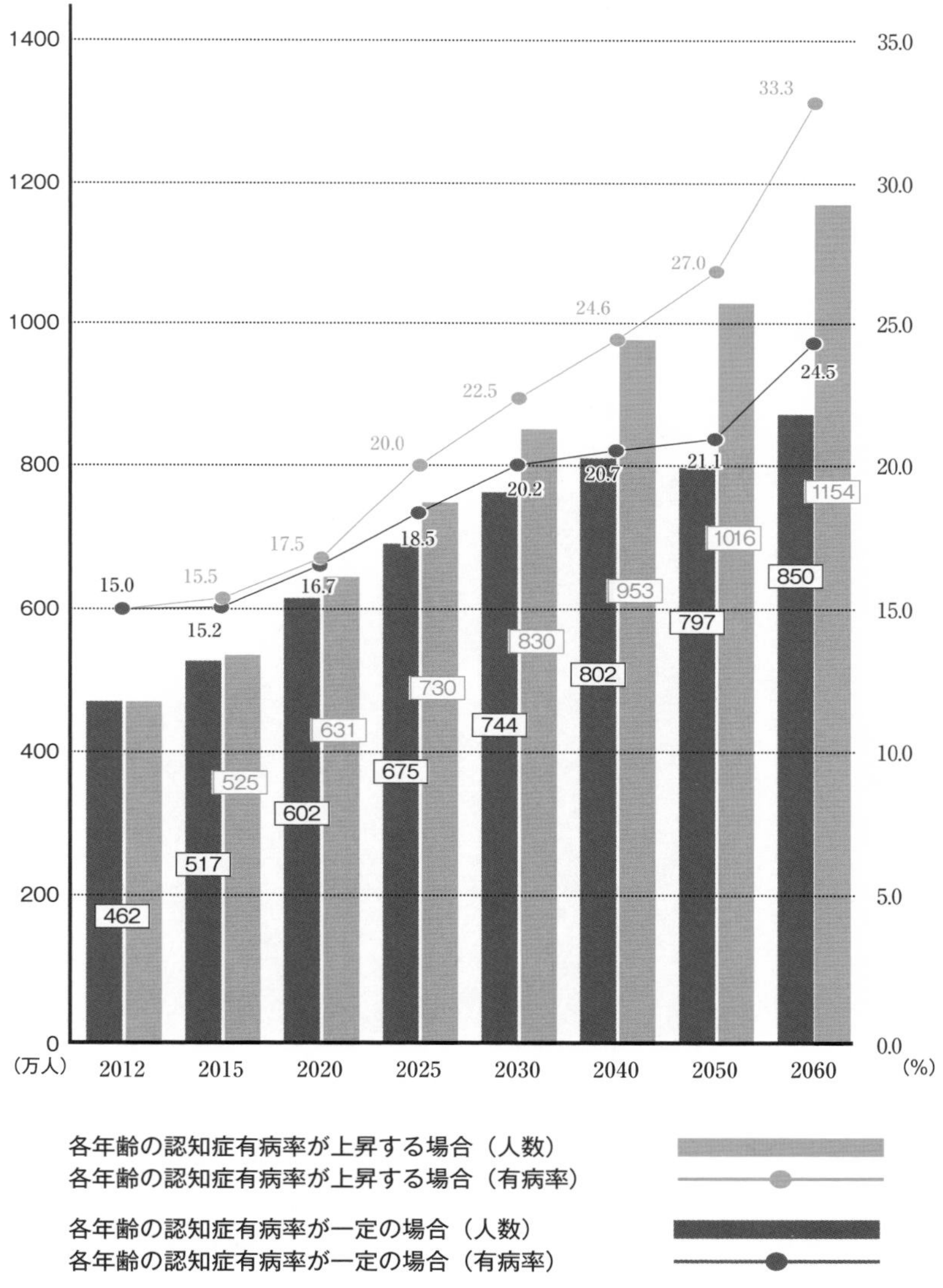

必要性がますます高くなります。

それでは認知症に起因する問題とは具体的にどのようなことでしょうか。次頁から実例を紹介したうえで、その問題と対策を解説していきます。

事例 12

介護施設に入居することになった父親の財産管理のために家族信託契約を結んだ橋本家の場合

ポイント

父親が介護施設に入居することになったが、長期的に入居費用を捻出するためには、実家の売却が必要になる。次男は、将来実家を売却するときに、父親の代わりに手続きが行えるように「家族信託契約」を結んだ。

橋本さんから受けた父親の資産管理に関する相談です。

橋本さんの家族構成は、父親（82歳）。実家で一人暮らしをしています。母親は数年前に死去。長男（55歳）は長らく所在不明。連絡先もわからないとのことです。橋本さん（50歳）は次男。結婚して、実家と同市内にマイホームを持っています。

橋本さんの父親が自宅の渡り廊下の段差で転倒し、打ちどころが悪く大腿骨を骨折しました。入院中にソーシャルワーカーから受けた説明によれば、怪我の後遺症が残り、退院後に自宅での一人暮らしを続けるのは難しいとのことです。橋本さんは妻と相談して実家に同居しての介護も検討しましたが、妻にも仕事があり、現実的に難しいとの結論になりました。

家族が定期的に顔を出しやすいように、市内の施設を探すことにしました。条件に合う施設が見つかりましたが、毎月かかる費用は総額30万円と想定していたラインより高いものでした。

入所費用の支払い計画を立てるために、まずは父親の財産を確認したところ、自宅（査定額＝約4000万円）、預貯金が約500万円、その他、月々の年金収入が15万円だとわかりました。

施設費用を捻出するためには年金の他に月々15万円が必要となります。足りない分は預貯金を取り崩して充てることとなりますが、3年弱で尽きる計算となります。医療費など臨時の出費があった場合はさらに早く尽きてしまいます。

長期的に施設費用を捻出するためには、実家不動産の売却が必要となります。しかし、そこで問題が浮き彫りになりました。

実家の地域では不況の影響を受けて不動産の流動性が落ちており、実家の売却に時間がかかる可能性があること。

しかし、父親はすでに高齢、車椅子状態であり、入所後に認知症となる可能性があること。そしてそうなった場合に、息子である橋本さんには、父親名義である実家不動産を売却する権限がないということです。

認知症になった親の名義である不動産を売却する方法はないかと、お金関係に詳しい知り合いに相談したところ「成年後見制度」を教えられたそうです。

成年後見制度とは、認知症などによって十分な判断能力がなくなった方の代わりに、成年後見人と呼ばれる第三者が財産管理をする制度です。成年後見人は家庭裁判所が選任することになります。施設費用に必要という理由があれば、認知症の父親の代わりに成年後見人が自宅不動産を売却することができます。

ただし、成年後見人には必ずしも親族が選任されるわけではありません。弁護士や司法書士といった第三者が選任される場合も多く、その際には成年後見人に対して月々の報酬の支払いが発生します。財産に余裕がある場合は問題ないかと思いますが、橋本家の預貯金には余裕がありません。

困り果てて私のところに相談に来られたという次第でした。

「父が入院するまで、実家の正確な財産を把握してなかったのもよくなかったのですが、親子とはいえ、財産のことは聞きにくいという気持ちがありまして。蓋を開けたら思ったより預貯金が少なく、身動きが取りにくい状態になってしまいました。こんなときこそ相談して助け合える兄弟がいればよいのですが、お恥ずかしいことに、兄は連絡先もわからない状態です。このまま、もし施設の費用が捻出できずに、認知症となった父親が施設を追い出される事態になったらと考えると不安で仕方がありません」

私は橋本さんに、現時点で成年後見制度にこだわる必要がない旨を説明いたしました。

というのは、現時点で父親は認知症となっておらず判断に責任を持つことができます。そうした段階のうちに、子どもである橋本さんに自宅不動産の売却を託す方法が「家族信託契約」という制度です。家族信託契約がなされた後に父親が認知症となったとしても、橋本さんは自宅不動産を売却する権利を持ち続けることができます。

本人の判断能力があるうちに家族信託契約を結んでおけば、認知症になった場合にも成年後見制度を使わずとも、家族が財産を管理できるのです。

また家族信託契約のほうが、成年後見制度よりも柔軟に財産の管理ができるという利点もあります。橋本家のケースのように自宅不動産の売却が必要な場合も、成年後見制度では裁判所の許可が必要となりますが、家族信託契約ならばそのような制約はありません。

その後、父親と橋本さんの間で家族信託契約を結ぶこととなりました。契約締結から1年ほど経ち、自宅の売却が決まりました。

売却金は家族信託専用口座で管理し、そこから月々の施設費用、臨時の医療費などの支払いをすることとなります。

「結果的に父親が認知症にならないうちに実家を売却できましたが、家族信託契約をしたことにより、精神的な余裕を持って不動産売却に対処することができました。助かりました」

橋本さんと同じく、親の預貯金を把握していないという方は多いかと思います。

しかし高齢となると、病気や怪我によって介護施設への入所が必要となる場合があります。

事例12 のポイント

・妻は数年前に死去。現在は一人暮らし。
・先日、自宅で転倒。退院はしたが後遺症が残り、施設への入居を検討する。

↓

施設への入居費用には父親名義の自宅の売却が必要

↓

問題
・自宅の売却には時間がかかる可能性。
・父親は高齢のため、この先認知症のおそれがあり、その場合、売却の手続きを行うには成年後見制度を利用しなければならないかも。

↓

対策
・父親の判断能力のあるうちに息子と**家族信託契約**を結ぶ。

メリット
・成年後見人をおいた場合に発生する報酬の支払いが発生しない
・成年後見制度よりも柔軟に財産の管理ができる

結果
余裕を持って自宅を売却することができ、売却金は家族信託専用口座で管理。そこから月々の施設費用、臨時の医療費などの支払いをすることになった。

その際に、親の預貯金で費用が賄えず、実家不動産の処分が必要となる場合も少なくありません。

できることならば、あらかじめ家族で話し合い、自宅不動産の売却が必要となる可能性がある場合には、家族信託の準備をしておくことをお勧めいたします。

認知症になった場合の問題点

認知症になると生じる問題としては、まずは食事、着替え、入浴などの日々の介護の問題もありますが、実はそれ以上に深刻な問題は、契約締結など財産の移動に関する事項を一切できなくなることです。このことは相続にも深刻な影響を与えます。

具体的に「できなくなること」を挙げてみます。

- **不動産売買、賃貸、建物建て替え**
- **金銭の生前贈与**
- **金融機関の口座を動かすこと（振込・定期預金の解約・株の売買）**
- **各種契約内容の問い合わせや変更、解約など**
- **遺言の作成や変更**
- **遺産分割協議**

「本人の意思が必要なこと」ができないとなると、相当範囲の制約を受けることがわかります。

本実例で取り扱った「不動産売買」に関して具体的に説明します。

不動産の名義人が認知症になると、不動産の売却ができなくなります。なぜならば、不動産の売買契約締結の時点で、不動産名義人（不動産の所有者、売主）の意思能力が必要だからです。認知症により意思の確認ができない場合、有効な契約を締結できないので、当然売却することができません。また、本人の介護費用等の必要費用を捻出するために親族が代理で売買しようと試みても、本人の意思で親族に売買の代理を任せることができない以上、それもかないません。

相続税対策の一環として毎年、親から子へ金銭贈与を行っている場合も、親が認知症になった後の贈与は無効になります。贈与も親と子の間で締結する「契約」行為であるからです。また第3章で詳しく説明しましたが、遺言を作成する意思があるならば、できるだけ早い時期に、つまり認知症になる前に遺言を作成する必要があります。

不動産取引よりも手軽にできそうな「預金の引き出し」も本来できません。その「行為」ではなく、「本人の意思が必要なこと」であるため、正確にいうならば「正しく判断した上で引き出すことができない」ということです。

それゆえに銀行側は、親族に対して、判断能力が衰えた人の代理人を選ぶ「成年後見制度」の利用を求めます。ただ、次に説明するとおり、成年後見制度の利用に否定的な親族の声が多いため、制度利用者は伸び悩んでおります。

そこで、2021年に全国銀行協会は指針をまとめ、認知症高齢者本人の預金の引き出しや口座解約請求などは、「成年後見制度の利用を求めることが基本」としつつも、「診断書の提出」や複数の行員による面談、ビデオ会議など非対面ツールの活用によって、親族による預金の引き出しや解約が可能になると発表しました。

「資産凍結」を解除する対処法

もし高齢者が正常な判断能力を有さず、所有する財産がいわゆる〝資産凍結〟状態になってしまった場合でも困ることのないよう、制度が整備されています。ただし、皆さまの意向に沿う制度とは言い切ることはできませんが、制度を利用することで、認知症高齢者が所有する資産の処分・管理などが可能になります。それでは、どのような制度があるのか、見ていきましょう。

●成年後見制度

認知症、知的障害、精神障害などの理由で判断能力の不十分な方々は、財産管理や身上監護などの法律行為をひとりで行うのが難しい場合があります。また、自分に不利益であることに気づかずに契約を結んでしまい、経済的・身体的な被害に遭うおそれもあります。

このような判断能力の不十分な方々を法的に保護し、支援するのが成年後見制度です。

成年後見制度は、法定後見と任意後見の2種類に分類されます。法定後見は、判断能力が減退した後に利用する制度です。一方の任意後見は、判断能力があるうちに、ご自身の判断能力が減退した後に備えて、ご自身の後見人を準備しておく制度です。任意後見については、別途Q＆A（245ページ）で解説し、ここでは法定後見に絞って説明します。

法定後見制度とは

法定後見は、認知症、知的障害、精神障害などの理由で判断能力の不十分な方々のために、その方の配偶者や4親等以内の親族等が家庭裁判所に後見人（保佐人・補助人）の選任を申し立て、家庭裁判所が後見人等を選任する制度です。本人の判断能力の程度に応じて、「後見」、「保佐」、「補助」の3つの類型があります。判断能力を常に欠いている状態の方には「成年後見人」を、判断能力が著しく不十分な方には「保佐人」を、判断能力が不十分な方には「補助人」を選任し、成年後見人等が本人を支援します。

成年後見人等は、つまり、本人の代理人です。成年後見人の場合、本人の財産の管理、各種契約の締結、また、本人が単独で行った契約などの法律行為（日用品の購入等を除いて）を取り消すことができます。各類型によって、本人の同意が必要な範囲、代理権の範囲が異なります。

法定後見の利用者数

成年後見制度は、2000年から制度がスタートしました。後見開始の審判等の申立て件数は、制度開始から2012年まで年々増加していました。しかし、その後、件数は頭打ちし、2012年から2020年までの間、申立て件数はほぼ横ばいで推移しました。

申立て件数が頭打ちになったといっても、後見制度の需要自体は減少しているわけではありません。全国で判断能力が不十分とみられる方の総数は約1000万人もいる一方で、現在、成年後見人制度の利用者数は約24万人に過ぎません。そのため、後見制度の利用がを敬遠される要因があるのではと推察することができます。

法定後見制度が敬遠される3つの要因

① 法定後見人は家庭裁判所が選任

親族が家庭裁判所に対して、法定後見人の選任申立てをする際、法定後見人候補者も併せて申立書に付記することができます。しかし、家庭裁判所が鑑定や調査をしたうえで、本人にとって最も適任な方を成年後見人として選任する権限があります。

成年後見制度の創設当初、法定後見人の選任数全体に占める親族の割合は約90％でしたが、202

1年には約20％にまで大幅に減少しています。その背景には、親族後見人による不正が多かったり、遺産分割協議や不動産売却など法律知識を要する行為が選任後に行われることが多いことから、家庭裁判所が親族後見人の選任に消極的になっているとみられます。

近年、後見人として選任数が特に増加しているのは、司法書士、弁護士、社会福祉士です。3業種が、親族後見人以外の第三者後見人に占める割合は約82％です。選任された後見人は、本人や親族と全く面識がないケースが多いです。

そのため、親族から、親の成年後見人を務める専門家を変更（解任）できないかとよく相談をうけることがあります。しかしながら、成年後見人が横領、本人に対して後見業務を行わないなどの理由がなければ、家庭裁判所はその成年後見人の解任を認めません。つまり、単に後見人が気に入らないというだけでは認められません。

②　法定後見人への報酬の負担

法定後見人の報酬は、法定後見人自身が家庭裁判所に対して報酬付与の申立てをする必要があります。親族後見人であれば報酬がかからないのではなく、その申立てをしないからこそ無報酬になるということです。

また、法定後見人の具体的な報酬額も、家庭裁判所が決めます。報酬額の目安は月額2万円です。ただし、管理する財産額によって、その目安の金額より高額になります。1000万～5000万円の財産額で月３～４万円、５０００万円を超えると月５～６万円に決定する家庭裁判所もあります。

この報酬額は、本人の判断能力が回復・改善し、後見開始の審判の取り消しが家庭裁判所によって認められない限りは、本人が亡くなるまで継続してかかります。

ご家族の中からは、後見制度を利用し、親名義の不動産の換金後は、自分たちで親の預金を管理するため、成年後見制度の利用をやめたいという声もよく聞きますが、不動産売却時や定期預金の解約時など一時的な利用は認められない点にご注意ください。

③　相続対策や資産活用の制限

成年後見制度は、本人の財産を保護するための制度です。将来、相続人になる方々の利益を図るための制度ではありません。例えば、金銭贈与は相続税対策の一環として行う家族も多いかもしれませんが、本人の預金を減らす行為ですから、成年後見制度の利用以降はできません。また、土地を有効活用するため、家族が本人を債務者として銀行から融資を受け、アパートの建築をしたいという場合でも、銀行融資の返済ができないリスクがゼロではない以上、認められません。

法定後見制度を利用して以降は、本人にとって必要かどうか、その行為が本人にとってリスクがないのかどうかを判断基準にし、法定後見人が財産管理をしていくため、ご家族が思い描く相続対策や資産の活用はできないということです。

家族信託　認知症発症前に資産凍結を回避する制度

「家族信託」は、財産の所有権を①**「使用収益権（財産から利益を受ける権利）」**と②**「財産を管理・運用・処分できる権利」**とに分けて、②の**「管理・運用・処分できる権利」**だけを主に家族に託すことができる契約です。

家族信託とは、どのような制度かを法定後見制度と比較して解説していきます。なお、これ以降の法定後見とは、3つの類型（成年後見、保佐、補助）のうち、成年後見のことを表しています。

委託者

受益者のために財産の管理や処分を受託者に任せる方（事例の父）

受託者

委託者から財産の管理を任された方（事例の次男）

受益者

受託者の財産管理・運用・処分に伴って利益を享受する方（事例の父）

※認知症対策として家族信託制度を利用する場合、委託者と受益者は同一人物（高齢者）になるのが基本です。

〈家族信託と法定後見制度の比較〉

	法定後見制度	家族信託
利用開始の方法	家庭裁判所へ申立て	委託者と受託者の契約(※1)
財産を管理する人	家庭裁判所が選んだ後見人	委託者が選んだ方(受託者の了承が必要)
利用開始後の監督	家庭裁判所が後見人を指導・監督する	受益者が受託者を監視・監督する
財産管理人への報酬	年間24～72万円（家庭裁判所が決定)	委託者と受託者の合意した額（家族信託の場合、無報酬が一般的)
資産活用の可否	本人にとって必要、かつ、リスクがない限り、不可	契約で資産活用ができると定められていれば、可能

※1　委託者が作成する遺言などでも利用することが可能です。

(1) 制度を利用する方法

法定後見の場合は、家族が家庭裁判所に成年後見人開始の申立てをする必要があります。

一方で、家族信託の場合は、事例のように親子間で契約をすることで利用が可能です。

契約方法には制限がありませんが、契約が有効に成立したと対外的に証明するため、公証役場で公正証書化することが一般的です。

(2) 財産を管理する人

法定後見の場合は、先に説明したとおり、家庭裁判所が後見人を選任します。家族が申立て時に、候補者として希望を出したとしても、家庭裁判所がその希望に拘束されることはありません。

家族信託の場合は、家庭裁判所など第三者に指定されることはなく、親（委託者）が選んだ身内を受託者にすることができます。ただし、契約によって利用する以上、選ばれた身内も受託者になることを了承する必要があります。

(3) 利用開始後の監督

法定後見の場合、後見人は家庭裁判所の指導・監督のもとに後見業務を行っていきます。毎年1回、後見人は家庭裁判所に対して、財産管理状況、収支、事務の報告をしなければなりません。報告後、家庭裁判所から細かい指摘や照会をうけることもあります。

家族信託の場合、毎年1度、信託財産の状況に関する書類を受益者に提出し、報告する必要があります。こちらの書類については、財産目録で足りるケース、確定申告で提出する貸借対照表や損益計算書を提出するケースがあり、受託者が管理する財産の内容によって変わります。

家族信託のポイント

●資産凍結の防止

本事例の橋本家と同様、親御さんが施設に入居するタイミングで実家の売却を検討する家族が多くなってきています。親御さんが元気なうちに、息子さんまたは娘さんとの家族信託契約により、実家の処分権限を子どもに移しておけば、売却のタイミングで親御さんが認知症と診断されていたとしても、資産凍結状態とはならず、法定後見制度を利用せず、お子さんが親御さんのために実家を売却することができます。

今後、売却や活用の必要がある親御さんの資産については、家族信託契約によって、下の世代に売却・活用権限を移しておきましょう。

家族信託の他のポイントは、事例ごとに解説していきます。

事例

13 父親が死亡した後に認知症の母親も含めた遺産分割協議が必要となった中村家の場合

ポイント

父親の遺産は1億円超。遺産分割協議のために認知症の母親には成年後見人がつきました。母親の死後の相続も含めた相続税対策について提案したところ…。

中村さん一家の相続に関する相談です。相談には長男と長女がいらっしゃいました。

中村家の家族構成は、父親（82歳）、母親（80歳）、長男（55歳）、長女（50歳）。長男と長女はそれぞれ結婚して、実家とは別の場所に暮らしています。

この度、父親が病気で死去。父親の財産は、自宅（評価額＝3000万円）、賃貸用アパート（評価額5000万円）、預貯金（3000万円）の合計1億1000万円となります。相続総額としては比較的多いランクであり、相続税も納める可能性があります。

長男と長女が懸念しているのは、老齢である母親が死亡した際を含む相続税の総額です。父親から母親へ渡る相続分を減らす、もしくは財産放棄としたほうが相続税の総額を低くできるのではないか。そのための一番良い、亡父親の遺産分割の割合を教えてほしいとのことでした。

この場合、父親が亡くなった際の相続を一次相続、その後、母親が亡くなった際の相続を二次相続といいます。一次相続時、母親が相続する財産額により、二次相続の相続税額が大きく変化します。また、残された配偶者の個人的な資産がどれほどあるかも、計算に大きく影響します。中村家の母親個人の財産は、駐車場として収益のある土地と預貯金３０００万円があります。亡くなった両親と兄弟から相続したものです。

しかし、中村家のケースには根本的な問題点があることがわかりました。母親は現在、最重度の介護を必要とする要介護５の状態であり、認知症も進み、介護付き有料老人ホームに入所しています。判断能力を欠くため、遺産分割協議を含めて有効な法律行為を行うことができないとされる状態です。

「母の認知症の進行が思ったより早くて、父の生前に対応が取れなかったんです。認知症の母が相続の話し合いに参加できないことは知りませんでした…」

相続税を考慮した遺産分割協議をするためには、母親が遺産放棄をしたり、夫からの相続分を減らしたりといった意思決定が必要です。

しかし、中村さんの母親は、そのような意思決定はできません。

また、遺産分割協議ができない以上、相続税申告ができないため、配偶者控除などを含む相続税の減税特例も受けることができません。

長男と長女は、なんとか相続税の申告期限（父親の死亡日から10ヶ月以内）までに遺産分割協議をしたいと、家庭裁判所に成年後見人の申立てをしました。成年後見人とは、簡単に言えば認知症などで本人が法的な判断ができない場合に、資産管理や契約締結を代理する人のことです。

家庭裁判所が成年後見人として選定したのは司法書士Aでした。これで、長男、長女、司法書士Aによって晴れて遺産分割協議をすることができるようになりました。長男と長女は、司法書士Aに対して、私に説明したのと同じように母親の死後の相続を含んだ相続税対策の相談をしました。そのために母親の相続分を減らす方向で検討したい旨を伝えたところ、司法書士Aからは、母親の相続分を法定相続分である50％より少なくすることはできないとの返答が来ました。

成年後見人制度のルールとして、認知症の相続人の権利を必ず確保しなくてはならないという制約があるためです。二次相続税対策よりも、この制約が優先的に適用されます。

「成年後見人というのもただじゃないんです。この先も母が生きている間ずっと、母の預金から成年後見人に対しての報酬を支払わなくてはならないんです。なのに、成年後見人がしてくれることといったら、四角四面に法定相続分の相続手続きをすることだけなんです。これじゃ、何のためにお金を払っているのかわかりません」

長男、長女はそういって憤ります。しかし、成年後見人の役割自体が、本人（この場合は認知症の

事例13のポイント

・最近夫が死去
・現在、最重度介護が必要な状態。認知症も進み、一切の法律行為ができない。

↓

家庭裁判所に**成年後見人**の申立て

↓ 結果

遺産分割協議に強く制約がかかるようになった

理由 成年後見人は認知症の相続人（母親）の権利を必ず確保しなくてはならない。母親の相続額を低く調整できない。

どうすればよかった…？

両親がともに健在で、認知症などの心配もないうちに、遺言書を準備してもらうなり、家族信託によって財産を子どもたちに信託するなりして、相続の対策をしておくべきだった。


母親）の権利の保護であり、相続税対策ではありませんので、致し方がありません。

「結局、私たちはどうすべきだったのでしょうか？」

長男、長女の問いに、

「ご両親がともに健在で、認知症などの心配もないうちに、遺言書を準備してもらうなり、家族信託によって財産を子どもたちに信託するなりして、相続の対策をしておくべきでした」

と答えました。こちらがこのケースの大事なポイントとなります。

もう少し早い段階で相談に乗れていれば、事態は違ったと思われる残念な事例となってしまいました。

一次相続と二次相続

本事例のように中村さんの父親が亡くなった際の相続を、一次相続といいます。そして、将来、母親が亡くなった際の相続を二次相続といいます。一次相続においては、配偶者である母親が相続すると、相続税の特例制度（配偶者控除）があります。配偶者控除は、配偶者が相続した財産のうち、課税対象となるものの額が、1億6000万円までであれば、配偶者に相続税がかかりません。また、1億6000万円を超えて相続した場合でも、その額が配偶者の法定相続分の範囲内であれば相続税はかかりません。

例えば、旦那さんが亡くなった際の財産（課税対象となるもの）の額が4億円で、相続人が妻と子1名だった場合、妻の法定相続分相当額は2億円です。とすると、1億6000万円＜2億円ですから、妻は2億円相当額の遺産を相続しても相続税はかかりません。

つまり、一次相続時、配偶者控除の枠を活用して、相続税額を低く抑えることができます。

しかし、配偶者控除により相続税の負担を軽減できるからといって、配偶者にその枠内相当額の遺産を分割すると、二次相続時（その配偶者の死亡時）に相続税の問題が生じる可能性があります。

家族の年齢順からすると、父の次に亡くなるのは通常、母です。母が亡くなったとき、母が残した財産に対して相続税がかかります。

つまり、子どもの立場からすると、一次相続と二次相続の2回分の相続税の問題が発生するということです。二次相続では、一次相続時の配偶者控除のような特例がありません。そのため、一次相続時、配偶者控除を利用して母により多くの財産を分割しようとすると、その分、二次相続時に残る財産が多くなり、子にかかる相続税が多額になる可能性があります。したがって、一次相続の段階で、二次相続のことも想定して、母と子の遺産割合を決めるということが重要になります。

遺産分割協議も契約の一種

しかし、遺産分割協議は相続人間の契約に該当します。先にも説明したとおり、契約をするためには、当事者に意思能力が必要になります。相続人のなかに意思能力が乏しい方、認知症の方がいる場合、本人は契約当事者になれないため、遺産分割協議をすることができません。

そのため、認知症の方のため、法定後見制度を利用せざるを得ません。最高裁判所事務総局家庭局「成年後見関係事件の概況-令和2年1月～12月-」によると、相続手続きのための成年後見制度の申立て件数が約7000件もありました。家族が成年後見制度の利用に直面するタイミングとして、遺産分割協議も大きな割合を占めます。

法定後見制度と遺産分割協議

認知症の相続人のために、成年後見人が選任された場合、その成年後見人が遺産分割協議に参加することになります。ここでポイントになるのは、成年後見人は本人の権利を擁護するため、法定相続分相当額を請求することになる点です。先程、説明したとおり、一次相続の遺産分割協議においては、二次相続を踏まえて、母が父から相続する財産額を調整することが重要です。しかしながら、母のために成年後見人が就任すると、母が相続する額を法定相続分相当額を下回るように調整はできません。例えば、二次相続を踏まえると、一次相続時、母が父の相続財産を相続しないことが最も効果的だったとしても、母は50％の財産を相続することになり、将来、母が亡くなったときに、子どもたちの納める相続税が重くなるということです。

そのため、認知症または意思能力が乏しい方が家族にいる場合は、親御さんが生前に遺産分割協議を不要にする対策を採っておくことをお勧めします。

遺産分割協議を不要にする対策

そこで、遺産分割協議を不要にする対策として、遺言がまず考えられるでしょう。そして、家族信託もその対策として活用することができます。そこで、遺言と家族信託を比較しながら、両制度の違いをみていきましょう。

〈遺言と家族信託の比較〉

	遺言	家族信託
自身の死後、遺産の承継先を指定できるか？	◯	◯
自分の死後のみならず、妻の死後、つまり二次相続まで指定できるか？	×	◯
相続後の財産管理は誰がする？	遺言により財産を相続した者	受託者

【Q】自身の死後、遺産の承継先を指定できるか？

【A】家族信託は、高齢者の健在時の財産管理や処分方法などを決めるだけではなく、遺言書と同様に、死後の財産の承継先まで指定することができます。

【Q】自分の死後のみならず、妻の死後、つまり二次相続まで指定できるか？

【A】遺言の場合、例えば、妻に全ての財産を相続させ、妻が亡くなった後はその財産を長男と長女に半分ずつ相続させたいと希望していたとしても、遺言ではその希望を実現することはできません。つまり、遺言ではあくまで自身の相続時のことしか指定できないということです。そのため、遺言により妻に相続させた財産については、妻が遺言を残す必要があります。しかし、その妻が遺言作成前に認知症であった場合、遺言を残すことができないので、妻が亡くなったとき、子どもたちが遺産分割協議をすることになり、遺産争いが生じるリスクが生じます。とすると、遺言によってそのリスクを回避するためには、旦那さんはすでに認知症の妻には財産を相続させず、子どもたちにのみ相続させる選択肢しかありません。

一方で、家族信託の場合、ご自身の死亡時だけではなく、奥様の死亡（二次相続）時も誰に受益権を継承させるかを決めておくことができます。さらに、息子さんや娘さん、孫の代まで指定しておくことも可能です（ただし、法律上、信託がされてから30年経過後、承継は1回しか認められません）。

妻が認知症であっても、旦那さんは妻死亡時の受益権の承継先を指定しておくことができるため、信託した財産を巡って子どもたちが遺産分割協議をする余地がなくなります。

【Q】相続後の財産管理は誰がする？

【A】遺言を残した場合、妻が旦那さんから遺言によって相続した不動産は妻名義になり、預金は妻の銀行口座に移して管理します。しかし、旦那さんが死亡したときに妻が認知症だった場合、妻は預金の管理や不動産の売却ができません。そのため、財産管理などを目的として、妻のために法定後見制度の利用が必要になります。

一方、家族信託の場合はどうでしょうか。例えば、旦那さんを委託者兼受益者、長男を受託者とし、長男が旦那さんのために自宅や金融資産を管理・運用する内容の契約を結んでいたとします。旦那さんが死亡した後は、長男が妻（母）を受益者として金融資産の管理、不動産の管理・運用・処分を継続できるように設定が可能です。家族信託の場合、遺産（受益権）の承継者と管理・処分者を分けることが可能なため、法定後見制度を利用する必要がありません。

以上で解説してきたとおり、将来の遺産分割協議を不要にする対策として、遺言と家族信託の制度がありますが、その中身はだいぶ異なります。旦那さん（父）の遺産を二次相続段階でも遺産分割協議を不要にしつつ、旦那さん（父）死亡時の妻（母）の意思能力の状態に左右されずに下の世代が親のために財産管理をしていきたいのであれば、家族信託の設定がお勧めです。

事例

14 父親の資産に収益不動産があったので遺言書ではなく家族信託契約を選択した加藤家の場合

ポイント

子どもがいない夫婦が不動産を相続する場合、死亡の順序によっては、不動産の権利の一部が親族のパートナー側の人間へと渡ってしまう。

62歳の女性加藤さんからの、父親の資産の相続に関しての相談です。

加藤家の家族構成は、父親(89歳)、実家で一人暮らし。母親(3年前に死去)。長女(加藤さん・62歳)、結婚して実家の同市内に居住。子どもはなし。次女(57歳)、結婚して他県に居住。子どもふたり。父親の主な資産は、自宅不動産(約3000万円)、賃貸アパート(収益不動産・約2000万円)、預貯金(約7000万円)、有価証券(約1000万円)。

長女の相談内容は、父親の死後の次女との遺産分けの件でした。近くに住み、日頃から父親の面倒を見ている自分と、遠方に嫁いでいる次女の遺産配分が同等となるのは納得がいかないとのことです。
「母が生きている頃から、両親の面倒はずっと私がみていました。母が倒れてからの介護もずっとしてきました。嫁ぎ先が遠くて子どももいるというのを言い訳にして、妹は何もしません。3年前に母親が死んだときの役所、銀行、年金事務所の手続き、全部、私がしました。その後も、父親の身の回りだけじゃなく、管理会社や店子との対応、確定申告など、アパートのあれこれも私が対応をしてきました」

母親の財産の相続時は、父親の手前もあり、姉妹同じ割合の分配としたそうです。そのときは納得してのことでしたが、時間が経ち、父の面倒を見続ける中で、不公平だとの気持ちが強まっていったそうです。父親からの相続の際は、自分の貢献度に応じた分配として妹よりも3000万円は多くほしいとのことです。

通常の遺産相続にて法定相続と異なる分配をする場合は、遺言書を利用することが多いですが、資産の中に収益不動産があるため、父親と長女の間での家族信託契約を提案いたしました。

まずは父親と面談をして、長女の希望を伝えて、これまでの長女の貢献に報いる形での家族信託契約について打診をいたしました。

「いままで上の娘には苦労をかけました。上の娘が望む形での契約に異存はありません。ただ、やはりこの契約が、娘たちの間のしこりの原因となってしまっては、私としては残念なこととなります。契約を結ぶ前に、下の娘の了解も得てほしいというのが私の希望です」

家族信託契約は、契約に係る人間（今回で言えば父親と長女）の了解だけで結べるものであり、姉妹であれその他の人間の了承を得る必要はありません。しかし、家族信託契約は相続に係る側面も大きく、次女に知らせずに進めてしまっては、父親の懸念するように姉妹間の争いの原因になる可能性があります。

長女とも話した結果、次女の了解を取るべく私から連絡をすることにしました。次女には次女の見解がありました。

「たしかに私たち家族は遠方に住んでいるので、母の介護もできませんでしたし、父の身の回りも、アパート経営のこともできておりません。でも私に対して、姉が一方的に損をしているというのは言い過ぎかと思います。私たち家族の自宅は、夫の実家の近くということもあり、夫の親に頭金を出してもらって建てたものです。私の実家からは一銭ももらっていません。でも、姉夫婦がマンションを購入する際には、頭金のうちかなりの額を父が出したと聞いています。ですので、相続の際に姉の方が３０００万円多く受け取るというのは、少し強欲すぎかと感じます。また正直なことを言えば、姉ひとりに実家の財産の管理を任せるというのも私としては不安があります」

長女と次女の見解と意見はかなり食い違っており、合意を得るためには何度も個別に話をする必要がありました。

次女には、加藤家の家族構成からすると、通常の遺産相続よりも家族信託契約を事前に準備することでの大きな利点がある旨を説明いたしました。

というのは、通常の法定相続をした場合、自宅、賃貸アパートといった不動産の一部は長女に相続される可能性が高くなります。

それは問題ないのですが、問題はその後に長女が死亡した場合です。その場合、不動産の一部が長女の夫に相続されます。そして、長女の夫が死亡した際には、夫婦に子どもがいないために、その不動産の一部の権利が長女の夫の兄弟姉妹へ渡ることになります。

結果、次女は義理の兄の親族と不動産の権利を持ち合うこととなり、思わぬ争いの原因となりかねません。

家族信託契約では、先々起こるケースに即した細やかな設定ができます。もし、前述のように不動産の権利の一部が長女の夫に渡り、その後、長女の夫が死亡した場合には、不動産の権利は次女の子どもに渡るように設定することもできるのです。

さらに、父親の財産を長女が管理するのとバランスを取るために、契約の履行を管理する受益者代理人に次女が就くことを提案いたしました。

以上の提案により、次女の了承を得ることができました。

父親の死亡時の遺産分けに関しても以下のように決定しました。

①自宅と賃貸アパートの不動産に関しては長女・次女が50%ずつ相続する。

②金融資産に関しては、その時点での金融資産の合計から長女が優先的に2000万円を承継する。残った部分を長女と次女で50%ずつ分け合うこととする（現時点の額、預貯金・有価証券、合計約

事例14 のポイント

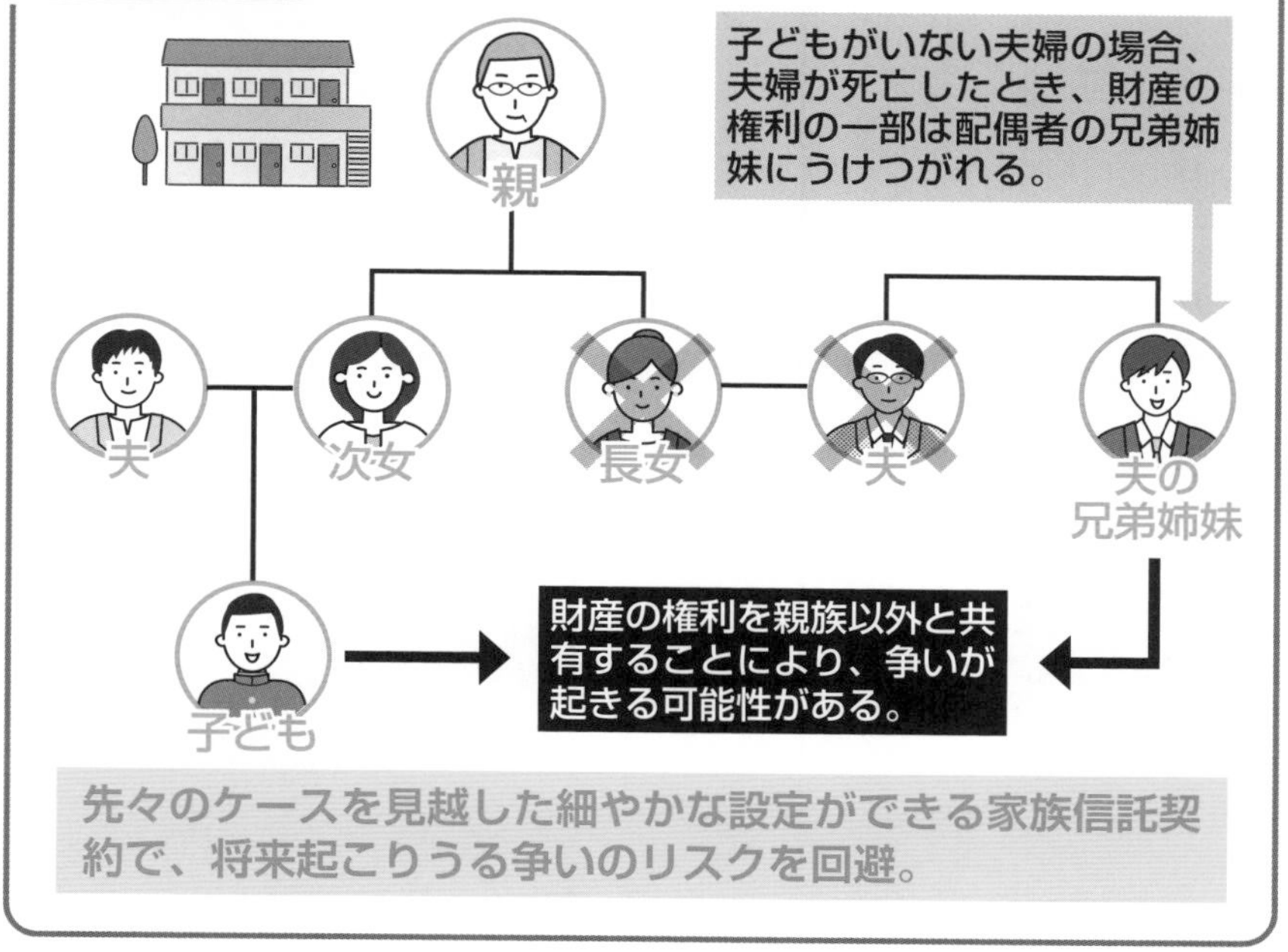
子どもがいない夫婦の場合、夫婦が死亡したとき、財産の権利の一部は配偶者の兄弟姉妹にうけつがれる。
親
夫
次女
長女
夫
夫の兄弟姉妹
子ども
財産の権利を親族以外と共有することにより、争いが起きる可能性がある。
先々のケースを見越した細やかな設定ができる家族信託契約で、将来起こりうる争いのリスクを回避。

8000万円で計算すると、長女が5000万円、次女が3000万円を受け取ることとなり、その差額は2000万円となる)。

父親にも内容を了承いただき、家族信託契約を結ぶに至りました。

今回のケースのポイントは、子どもがいない夫婦が不動産を相続する場合、死亡の順序によっては、不動産の権利の一部が夫または嫁の親族側へと渡ってしまうことになります。それが、争いの原因となってしまう場合も少なくありません。そういったリスクを回避するためにも、家族信託契約を活用することをお勧めいたします。

受益者連続型信託

事例14で解説したとおり、家族信託は受益権を一代に限らず、二代、三代先まで承継先を準備することが可能です。このような信託を「受益者連続型信託」といいます。

受益者連続型信託は、本事例の加藤さんのように、子がいない息子や娘に財産を引き継がせたいという場合に効果的です。子がいない夫婦の場合、前の図のように財産の一部が最終的に義理の息子または娘の親族側に渡ります。ご自身が汗水垂らして必死に形成してきた資産が、別の親族の手に渡ることを良しとしない方は多くいると思います。

だからといって、例えば子がいない娘にあまり相続させないようにするため、子がいる息子に大部分の資産を遺言によって相続させると、遺留分の問題も生じるおそれがあります。本事例の加藤家のように、献身的にサポートする娘さんに子がいないという理由で財産を渡さないとは言えないと思います。

そこで、受益者連続型信託を活用することで、まずはご自身を第一受益者、妻を第二受益者、息子娘を第三受益者とし、娘さんが死亡したときに息子さんの子（孫）に財産が帰属するように設定することができます。家族信託契約締結時、娘さんにこのような承継方法とその意図を説明すれば、納得してくれ、家族間の不和が生じる可能性が低くなるのではないでしょうか。

家族間の調整

家族信託契約は、先にも説明したとおり、親御さん（委託者）とお子さん（受託者）との二者間の契約です。他にお子さんがいたとしても、同意や了承は必要ありません。

しかしながら、必要ないからといって秘密裏に契約を済ませ、後日、他のお子さんが父と姉との間で家族信託契約を締結した事実を知った場合、どのように考えるでしょうか。

弟や妹は、これまで姉が両親の面倒を看てくれていることを感謝していたとしても、ないがしろにされたら、感謝の念も疑念に変わるかもしれません。そして、相続発生後、疑念が恨みつらみに変わり、相続争いになり、姉弟関係が途絶えてしまった家族を多く見てきました。そのため、ご自身の今後のこと、そして、亡くなった後の遺産については、家族信託契約を利用する場合でも、家族会議を開くことを念頭に置いてください。オブザーバー役で我々専門家に参加の依頼をすることもお勧めします。

受託者の監視・監督役〜受益者代理人・信託監督人〜

家族信託の場合、法定後見制度とは異なり、受託者の財産管理を監督する第三者がおりません。だからこそ、信頼できる者を受託者に置く必要があります。しかしながら、そうは言っても、不安になる方もいると思います。不安な方は受託者の財産管理をチェックする監督人を家族信託契約のなかで置くことができます。この監督人を信託監督人といいます。信託監督人になるための特別な資格は必要ありません。受託者になった息子以外にお子さんがいればその子、または親戚、司法書士などの専門家に信託監督人になってもらい、受託者がしっかり財産管理をしているかをチェックしてもらうことが可能です。ただし、監督するためには信託の理解が必要ですので、家族信託契約の締結をサポートしてくれた専門家にお願いするのが良いかもしれません。

また、受益者が未成年、認知症の方、知的障害などがある方の場合、受益者として受託者の財産管理を十分に監督することができません。そのため、受託者を監督しつつ、金銭給付や不動産の修繕判断などを受益者に代わって行う受益者代理人を置くこともできます。受益者代理人についても、信託監督人と同様、特に資格は必要ありません。父のため、長男が受託者、父の認知症時に備えて次男が受益者代理人という構成にし、今後の父の財産に関して重要な判断を家族で決めていくことになるので、後の家族間トラブルを予防することもできます。

以上のように、家族信託では受益者以外に受託者を監督する役割を置けますので、家族信託契約時に検討しましょう。

受益者連続型信託の例（事例14のケース）

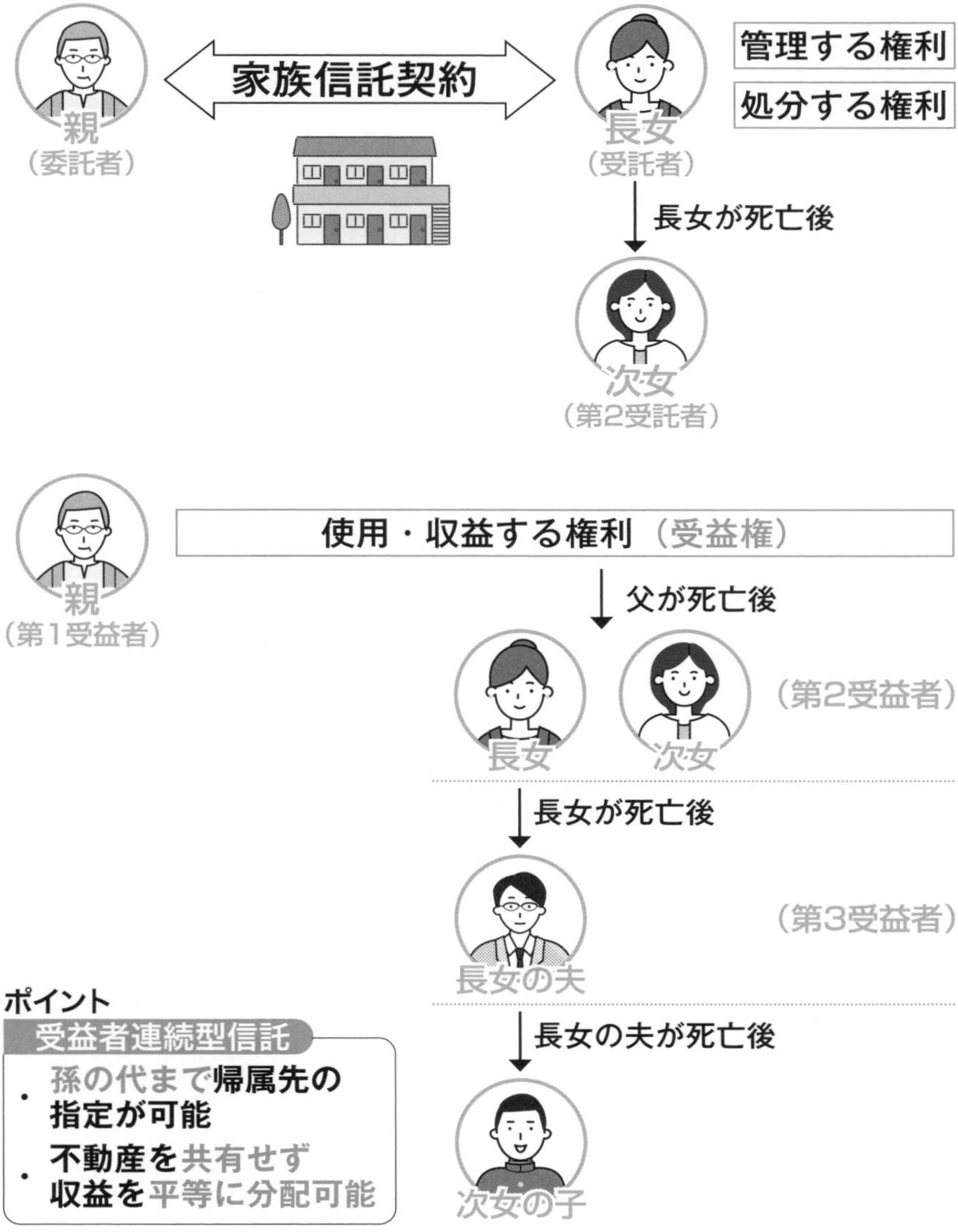

事例

15

家族信託契約を結び父親の所有する赤字の賃貸アパートを建て替えた伊藤家の場合

ポイント

父親が所有する築50年のアパート経営は赤字状態。建て替え・管理のために父親と子の間で「家族信託契約」を結んだ。名義も収益も父親のままなので、父の納得も得やすい。

伊藤さんから受けた、父親の所有する賃貸アパートに関する相談です。

伊藤家の家族構成は、父親（82歳）、母親（78歳）。都下にある住宅地の一軒家の実家でふたりで暮らしています。子どもは長女（54歳）と長男（伊藤さん・52歳）。どちらも結婚して独立しており、長女は他県に、伊藤さんは実家近くのマンションで暮らしています。

今年、父親が庭の手入れの最中に脱水症状で倒れて入院しました。命に別状はありませんでしたが、高齢ということもあり今後が不安な状態です。自宅での生活を続けられない可能性もあり、介護付きの施設への入所も視野にいれなくてはならない状態となりました。

医療費や施設入所費の資金計画のために、家族が集まり、財産の確認をすることにしました。亭主関白なタイプの父親は、実家の財産を全てひとりで管理していたといいます。

伊藤家の主な資産は、実家不動産（土地・建物合わせて査定額＝約4000万円）、父親の所有する木造アパート（老朽化した建物は値段がつかず、更地にした場合の土地査定額＝約7000万円）、預貯金＝約500万円、だとわかりました。

伊藤さんたちは、預貯金の額が思ったよりもずっと少ないことに驚きました。貯金通帳をかき集めて記帳し、何度確かめても500万円ほどしかありません。この先、介護施設に入所となった場合、数年もせずに尽きてしまうことになります。また、母親の方にも介護が必要となる可能性もあり、この貯金額では到底足りません。

預貯金が減っている主な原因は、父親の所有する賃貸アパートの経営にありました。父親と母親が結婚するときに、実家の隣の土地に（父親の父親である）祖父に建ててもらった物件です。

以前は世帯収入の大きな柱でしたが、現在は、築50年となり、ここ数年は12部屋中2部屋しか店子が入っていません。その上、店子の1人は3年以上家賃を払っていない状態です。修繕やメンテナンス費用がかかり、外から見てもアパート経営の収支は何年も赤字続きだとわかります。

「以前からアパートのことは家族間で問題となっていました。しかし、父親は伊藤家の財産は全て自分のものという意識が強く、アパートのことも家族が少しでも口を出そうものなら、俺のものは俺の勝手にする、口を出すな、と罵声を浴びせられますので、結局長年そのままとなってしまいました」

父親の入院を機にアパートの問題を解決しようと、母親、長女、伊藤さんが集まって話し合いました。更地にして売るという手段もありましたが、長い目で見ると一族の資産として次世代へと引き継いでいったほうがよいのではという結論となり、建て替えの方向で話がまとまりました。

しかし、懸念となるのは父親の状態です。老齢な上に怪我で歩行困難となり、入所後に認知症になる可能性は少なくありません。アパートの建て替えには、居住者の立ち退き交渉の他、銀行融資の手続き、解体、新築工事と、かなりの期間を要します。その間に名義人である父親が認知症となってしまうと、その行程がストップしてしまいます。

よい方法はないものかと、私のところに相談に来られたというわけでした。

私は伊藤さんに、まずアパートの新築は相続税対策の視点から見てもよい決断だと思われる旨を説明しました。アパートローンを組むことによりローン残高分の債務控除を受けられ相続税が減税になるためです。その上で、今回のケースには、父親と伊藤さんの間で、アパートの新築建て替え・管理を目的とした「家族信託契約」を結ぶのが適切であると提案いたしました。

家族信託契約ならば、もし父親が認知症になった場合でも、伊藤さんがアパート経営の管理を続けることができます。また、あくまでも管理を信託する契約で、アパートの収益は父親のものですので、財産に関して所有意識の高い父親も納得しやすくなります。

事例15 のポイント

- 今年、脱水症状で倒れ、今後、施設への入居も検討。
- 財産として賃貸アパートあり（築50年、近年は入居者不足から赤字続き）。
- 父親は財産への所有意識が高い。

⬇

父親の入院を機に、家族で相談の結果、アパートの建て替えを決定。

理由

- 父親の施設費用の捻出。
- 建て替えによる入居者増加を見込み、赤字経営からの脱却。
- 相続のとき、アパートローンを組むことでローン残高分債務控除を受けられ、相続税が減税になる。

⬇

相談主の伊藤さんと父親の間でアパートの新築建て替え・管理を目的とした「家族信託契約」を結ぶ。

結果

- 父親が認知症になった場合でも、伊藤さんがアパート経営の管理を続けることができるようになった。
- アパートの収益は父親のものなので、財産に関して所有意識の高い父親も納得。
- アパートからの収入により、父親の施設費用も賄えるようになり、また家族信託契約の内容によって、父親の死後の母親の生活の見込みも立つようになった。

その後、提案通りに家族信託契約を終結して、伊藤さんはアパート新築に着手いたしました。賃料未払いの賃借人に関しては、未払い分を不問とすることで立ち退きに合意してもらい、もう1人には立退料を払って、立ち退き交渉も無事成立。建物を解体して、銀行から建築費を借り入れて、ハウスメーカーと新築工事契約を終結しました。契約から1年後、無事に新築アパートが完成し、募集後1ヶ月で12部屋全ての店子が決まりました。

父親は2ヶ月の入院後、自

宅に戻ることはできずに介護付きの有料老人ホームに入所することとなりました。アパート新築後は、施設の費用は家族信託専用口座に入る新築アパートの賃料収入で賄われる形となります。

また、母親の老後が心配だとの家族の意見を取り入れて、家族信託契約の中に「父親が死去した場合は長男がアパート管理を継続、アパート収益は母親が受け継ぐ」という内容を盛り込みました。このように家族信託契約は、財産や事業の継承を決定できるため、遺言と同様の効果を持たせることもできます。

「家族信託契約のおかげで、アパートを自分のものとして持ち続けたいという父親の気持ちも、父親の施設料の支払いや先々の母親の生活の見込みも、全てが丸く収まりました。本当に便利な仕組みですね」

伊藤家のように、高齢の両親が築年数の古い収益不動産を所持していた場合、そのままにしておくと収益が赤字に転落して、家族の財産を傷つける要因になる可能性があります。立地や周辺地域の賃貸事情に鑑みながら、建て替えの選択肢を考えてもよいかもしれません。その場合には、今後の両親の健康状態を視野に入れて家族信託を導入し、アパートの建て替えと管理を親から子へとスムーズに引き継ぐことをお勧めいたします。

アパート経営と家族信託

アパートの築年数が、木造や鉄骨造であれば30年、ＲＣであれば40年を超えていたら、建て替えを検討するタイミングと言われます。本事例の伊藤家のように、親御さんが病気に見舞われ、息子さんがアパート管理をせざるを得ない状況になったとき、息子さんが築古アパートの建て替えを進める必要があると判断しても、アパートオーナーは親御さんであることから、親御さんの意思決定が必要です。しかし、ハウスメーカーや工務店に建て替えに関する相談を始め、現入居者の立ち退き、建物解体、工事契約や銀行ローン、建物着工、新築アパートの引き渡しまで順調にいって、約16ヶ月もかかります。この期間中に親御さんが認知症になってしまうと、計画が途中で頓挫します。法定後見制度を利用すると、アパート建て替えが困難であることも、先に説明したとおりです。アパート管理や将来の建て替えに備えて、高齢のアパートオーナーとそのお子さんで家族信託契約を結ぶケースが増えてきました。

信託内融資

アパートの建て替えに伴い、家族信託契約を締結する場合、受託者に銀行融資や担保設定の権限を付与する条項を盛り込みます。受託者が、この権限によって銀行融資を受ける際は、借入金も信託財産に組み込まれます。このように受託者が家族信託のなかで融資を受けることを信託内融資といいます。この借入金によりアパートを新築した場合、アパートも信託財産になります。受託者が毎月の家賃を受領し、そこから月々の借入金を返済することになりますが、収入は受益者である親御さんに帰属します。

相続時の債務控除

アパートの建て替え時、銀行から融資を受けたアパートオーナーが死去した場合、そのオーナーの相続財産としては、アパートと底地だけでなくローン残高も含まれます。そのため、相続資産からローン残高が控除されるので、相続税の減額にもつながります。

受託者が信託内融資を受けアパートを建て替えた場合も、このローンの控除（債務控除）を受けることが可能です。ただし、相続税法の関係で、家族信託契約は、事例14で説明した「受益者連続型信託」にする必要があります。アパートオーナーである親御さん（委託者兼受益者）が死去したときに、信託が終了する場合は、債務控除を受けられないリスクがありますので、注意しましょう。

事例

16 重度の障害を持つ息子が将来的に生活に困らないよう家族信託契約を親族と結んだ鈴木家の場合

ポイント

子どもは、重度の発達障害を抱える長男だけ。将来、両親が認知症になったり死亡した場合に備えて、第1候補を父親の妹、第2候補を妹の長女にして家族信託契約を結んだ。

発達障害のある息子を持つ老夫婦鈴木さんから受けた相談です。

鈴木家の一族の構成は、父親（鈴木さん・82歳）、母親（78歳）。子どもはひとり、長男（42歳）。鈴木さんと同市内に住む鈴木さんの妹（70歳）。同じく同市内に住む姪（妹の長女・40歳）。

重度の発達障害を抱える長男は、平日はグループホームで生活をして、週末、実家に帰ってきます。

鈴木さん夫婦はここ数年、年齢的な体力の衰えを感じており、週末ごとの長男の介護に限界を感じています。さらには、自分たちが認知症になったり、死亡した後の長男の生活について大きな不安を感じています。そのことについて私のもとに相談にこられました。

「私たち夫婦も平均寿命に近くなり、自分たちが認知症になった場合や、死んだ後のことを考えなくてはならない時期にきています。私たちの心配というのは、障害のある息子のことです。私の妹が、私たちに何かあったときは息子の面倒をみてくれるとは言ってくれています。息子も妹に懐いており、妹が来ると喜びます。しかし、妹も70歳と若くはありません。それに、息子はひとりでは、自宅や我が家の財産の管理もできません…」

長男に関する心配の内容は、その面倒を誰が見るのかという点と、夫婦それぞれの遺産を引き継がせたいが大丈夫なのかの2点です。

鈴木家の資産は、父親（鈴木さん）が、自宅不動産（査定額約4000万円）、預貯金（1500万円）。母親（鈴木さん妻）が、預貯金＝約1000万円。

妹以外に長男の面倒を見てくれる親族はいないかと聞くと、鈴木さんの妹の長女の名前が上がりました。実家と同市内に一人暮らしの独身女性で、幼い頃から鈴木さん夫婦に懐いており、従兄である長男とも兄妹のような感覚で育ってきたとのことです。

鈴木家の状況に即した最も有効な手段として、鈴木さん夫婦それぞれと妹との間の「家族信託契約」を提案しました。

鈴木さん夫婦が認知症になったり、死亡した場合、鈴木さんの妹が自宅不動産、預貯金を管理しながら、長男の生活をサポートするという契約です。さらに高齢である妹が死去した場合に備えて、財産管理者の第2候補を妹の長女に設定しました。家族信託契約では、このように状況の変化を見越した柔軟な設定をすることが可能です。

鈴木さん夫婦のどちらかが先に死亡した際、配偶者はすでに認知症となっており、遺産分割協議に参加できない可能性もあります。また長男には意思決定能力がなく、どちらにしろ遺産分割協議には参加できません。そこで、遺産分割協議を行わずとも相続税を考慮した配分に遺産が配分されるよう、家族信託契約に設定しました。

また、家族信託契約では、財産権を持つものが死亡した場合に、次に財産権を継がせる相手を指定することができます。鈴木家の場合、長男は一人っ子であり、結婚もしておらず、子どももいません。本来、長男が死亡した場合には長男の財産は国に帰属するということになります。しかし、家族信託契約によって財産権の後継者を決めておけば、鈴木家の財産を親族に継がせることができます。

そして、ここが大きなポイントですが、家族信託契約では後継者を2番目以降も決めることができるのです。これは遺言ではできない家族信託契約独自の利点です。鈴木家のケースでは、長男の次の財産権承継者を父親の妹、その次を妹の長女に設定いたしました。

鈴木家ではその後、環境に大きな変化はありませんが、将来への懸念が解消したことにより、安心して、週末は鈴木さんの妹や妹の娘の手助けを受けながら長男をサポート、平日は夫婦の生活を楽しむという生活を送ることができるようになりました。

事例16 のポイント

・相談者鈴木さん（82歳）。
・息子（42歳）は重度の発達障害。
・両親ともに高齢のため、将来が不安。

⬇

近所に住む相談者の妹と「家族信託契約」を結ぶ。

契約の概要

・鈴木さん夫婦が認知症または死亡した場合の財産の管理、および息子の生活の面倒をみてもらう。
・さらに鈴木さんの妹が死去した場合、財産管理の第２候補を妹の長女に設定する。

メモ　家族信託契約では財産権の後継者を2番目以降も決めることができる（これは遺言ではできない）。状況の変化を見越した柔軟な設定が可能なことが家族信託契約のメリット。

障害などにより判断能力が乏しいお子さんや、引きこもりとなってしまっているお子さんの将来を心配される親御さんも少なくありません。いつかは親御さんが支えることができない日もやってきます。お子さんに遺産分割協議に参加する意思能力がないと思われる場合には、自分たちに判断能力があるうちに信頼できる親族と家族信託契約を結び、未来のお子さんの支援体制の準備をしておくことをお勧めいたします。

親亡き後問題

知的、精神、発達障害のある子（以下このパートでは「お子さん」と表現します）を見守っている親御さんにとっては、ご自身たちが亡くなった後のお子さんのことが不安だと思います。

いわゆる親亡き後問題では、**①生活資金の確保、②財産管理、③相続**の3つのポイントを押さえる必要があります。

ただし、**①生活資金**の確保については、本書では割愛させて頂くことをご了承ください。こちらについては、私が定期的に行う親亡き後問題のセミナーでパートナーの講師が解説していますので、セミナーを受講いただければと思います。

親亡き後問題～財産管理～

現在、お子さんのために皆さんが預金を管理していると思います。皆さんが亡くなった後は、お子さん自身で預金管理ができない以上、第三者に管理を委ねざるを得ません。

皆さんの家族にお子さん以外で意思能力に問題がない息子さんまたは娘さんがいれば、その子に将来の財産管理を託すこともできます。

また、本事例の鈴木さんのように親戚に頼るのも一つの手です。その場合、鈴木さんのように家族信託契約を結び、自分たちが亡くなった後、お子さんを受益者として自分たちが残した財産を管理してもらいましょう。

ただし、お子さん名義の預金（障害者年金の入金が入る口座等）については、信託財産に組み込めないので、家族信託契約を締結したからといって、受託者がお子さん名義の預金を管理できるわけではないことに注意しましょう。

一方、頼る身内がいない場合は、法定後見制度を利用することになります。家庭裁判所から選任された法定後見人が皆様に代わってお子様の預金管理や各種契約の締結を行っていきます。

親御さんの中には、家庭裁判所ではなくご自身でお子さんの後見人を決めたいと要望される方も多いのが現状です。

ただし、お子さんが未成年の間は、親御さんがお子さんの任意後見人を指定できます。詳しくはQ&A（250ページ）のQ3番で解説しておりますので、ぜひご参考ください。

親亡き後問題～相続～

本事例の鈴木さんのように、お子さんがお一人の場合、お子さんが両親から相続した財産は、お子さんが亡くなった後、法定相続人がいないため（独身かつ兄妹がいないため）、国に帰属することになります。この問題は、お子さんに遺言を残す能力が不足していることが原因です。受託者として財産管理する人材がいれば、親御さんがお子さんの死去後の財産の行く末まで指定できます。家族信託を活用して、お子さんが亡くなった後は、障害児を支援するＮＰＯ法人や公益財団法人に残った遺産を寄付する設定もできます。または、自分たちが亡くなった後、お子さんを支えてくれた受託者に遺産を譲るように設計する方も多いです。

皆さんがご自身で築いてきた資産、そして、先祖から引き継いだ家産の行く末を指定するため、ぜひ家族信託の活用をご検討ください。

Q&A

【Q1】「昨年、父が亡くなり、85歳の母が自宅で一人で暮らしています。私は実家から車で10分のところに住んでおり、母の買い物や通院に付き添っております。いまはまだ大丈夫ですが、母が認知症になった後が不安です。雑誌で、認知症の備えとして任意後見と家族信託という制度があると聞きました。違いを教えてください」

【A】 任意後見は、本章で取り上げてきた成年後見制度で選べる方法の一つです。「法定後見」は家庭裁判所が本人のために後見人を指定する制度、「任意後見」は本人が後見人を指定する制度です。判断

〈任意後見と家族信託の比較〉

	任意後見	家族信託
（1）利用方法	本人と任意後見人候補者の契約（公証役場）	委託者と受託者の契約(※1)
（2）財産を管理する人	本人が選んだ任意後見人	委託者が選んだ方（受託者の了承が必要）
（3）スタート時期	任意後見監督人が選任されたとき	スタート時期は契約時に設定
（4）利用開始後の監督	任意後見監督人が事務を監督する	受益者が受託者を監視・監督する
（5）財産管理人への報酬	任意後見人：契約時に合意した金額 任意後見監督人：年12〜36万円（家庭裁判所が決定）	委託者と受託者の合意した額（家族信託の場合、無報酬が一般的）
（6）資産活用の可否	積極的な運用は不可	契約で資産活用ができると定められていれば、可能
（7）身上監護を職務としてできるか	可（ただし、取消権なし）	不可

※1　委託者が作成する遺言などでも利用することが可能です。

能力があるうちに、ご自身の判断能力が減退した後に備えて、ご自身の後見人を準備しておく制度が、任意後見です。

任意後見は本人と将来後見人（任意後見人）になってくれる候補者とが事前に契約を交わしておく必要があります。

この契約を、「任意後見契約」といいます。任意後見契約書は、公証役場で作成しなければなりません。

任意後見人は、子や親戚などの身内の方でもよいですし、司法書士、行政書士、弁護士の専門家でも構いません。ご自身が信頼できる方を指定できます。

注意点は、任意後見契約を公証役場で締結したら、すぐに任意後見がスタートするわけではない点です。本人はまだ判断能力があるため、任意後見人に指定された方が財産管理を始めません。

任意後見契約をもとに、任意後見がスタートするタイミングは、本人の判断能力が低下、つまり、認知症と診断された後、親族やその任意後見人に指定された方が家庭裁判所に任意後見監督人の選任申立てをし、その監督人が選任されたときです。

ではこの任意後見と本章で解説してきた家族信託を比較していきましょう。

表の（1）と（2）は、これまで説明した内容ですので、割愛します。

表の（3）スタート時期

任意後見の場合は、先にも説明したとおり、任意後見契約締結後、本人が認知症になり、家庭裁判所から任意後見監督人が選任されたときに任意後見人が職務をスタートします。

一方、家族信託の場合は、家族信託契約時にスタート時期を設定できます。契約と同時に受託者の財産管理をスタートさせるケース、委託者である高齢者が契約後しばらく経ってからスタートさせるケースなど、委託者になる高齢者の要望に沿って自由にスタート時期を決めることができます。ただし、認知症と診断されたときをスタート時期にすることは、なるべく避けましょう。不動産を信託財産にする場合、登記手続きができなくなるおそれがあります。

（4）利用開始後の監督

任意後見の場合、家庭裁判所から選任された任意後見監督人が任意後見人の職務を監督します。任意後見監督人は、任意後見人と利害関係のない弁護士や司法書士が選ばれます。

一方、家族信託の場合は、第三者の監督人を設けることが必須ではありませんが、事例14で説明したとおり、契約の中で信託監督人を設けることができます。

（5）財産管理人への報酬

任意後見の場合、任意後見人と任意後見監督人の2名が必要です。任意後見人へ支払う報酬は、任意後見契約の中で決めます。

身内の方が就任する場合は無報酬にするケースが多いです。任意後見監督人は、家庭裁判所が報酬を決定します。

一方、家族信託の場合、基本的には受託者への報酬をなしとして契約するケースが一般的です。

（6）資産活用の可否

任意後見は、先に説明した法定後見と同様に、本人（被後見人）を保護するための制度です。つまり、本人の財産を保護することが目的であり、株式や不動産への積極的な投資など本人の財産が減るリスクがある行為はできません。

家族信託の場合は、家族信託契約を締結した内容により、積極的な投資も可能です。

(7) 身上監護

身上監護とは、本人の生活、医療、介護などに関する法律行為を行うことです。例えば、入院の手続き、介護サービスの利用契約手続き、施設入所手続き、これらの費用の支払いがあたります。注意点は、身上監護に実際の介護が含まれない点です。

任意後見の場合は、成年後見人制度の一種であることから、任意後見契約で身上監護の条項を盛り込めば、任意後見人が対応できます。

一方、家族信託の場合は、身上監護は対象外です。受託者は、あくまで委託者から信託された不動産や預金等の管理・運用・処分を任されたに過ぎません。家族信託はオールマイティな制度ではないので、注意しましょう。

また、認知症の親御さんが通販で高額商品を購入してしまった場合、その契約を取り消したいというケースがありますが、任意後見人及び受託者はともに本人（受益者）に代わって契約を取り消す権限はありません。契約取消権は、法定後見人しか認められません。

【Q2】「父が最近、物忘れが増えてきたので、私が父の預金や不動産を管理するため家族信託を検討しております。ただ、父は3年前、公正証書遺言を作成しています。父が私と家族信託契約を結んだ場合、父の遺言はどうなりますか?」

【A】 例えば、父が「A不動産を次女に相続させる」という内容の遺言を残していた。その後、父と長女が家族信託契約を結び、A不動産が信託財産に組み込まれたときは、A不動産に関する遺言部分の効力はなくなります。遺言のパートで説明したとおり、遺言を書いた後、その内容と抵触する部分については、効力が生じなくなります。

では家族信託契約を結んだ後に遺言を残した場合はどうでしょうか。

すでに父から長女へ父名義の財産が信託されているため、父が信託された財産について遺言を残しても効力は生じません。なお、家族信託契約に盛り込んでいない財産については、遺言で承継先を決めるケースもあります。

【Q3】「知的障害のある息子が、来年18歳になります。成人になると、何か不都合なことがありますか?」

【A】 お子さんが未成年の間は、親が親権者としてお子さんのために預金の管理や契約を結ぶことができます。親権とは、法律で定められた代理権です。お子さんが成人に達すると、親権は消滅します。つまり、親が成人の子に代わって、預金手続きや各種契約の締結をするためにはその子から委任を受ける必要があります。

しかし、知的障害などが原因で意思能力が乏しいお子さんは、委任することはできません。したがって、親が意思能力が乏しい成年の子の代理人になることはできず、原則として、預金手続きや契約締結ができないということになります。この場合、成年の子のために法定後見制度を利用せざるを得ません。

しかし、意思能力が乏しいお子さんが、未成年の間であれば、法定後見制度の利用を回避する道が残されております。

先程、お子さんが未成年者であれば、親が親権という代理権を有していると説明しました。この代理権を活用して、任意後見契約を締結することができる可能性があります。

例えば、母を任意後見人候補者とし、父をお子さん（本人）の親権者（代理人）として任意後見契約を締結するということです。

ただしお子さんが母を契約の相手方として任意後見契約を締結する場合、家庭裁判所に対して特別代理人の選任を請求しなければなりません。

そのため、母を任意後見人候補者として任意後見契約を締結する場合、お子さん側の契約者は父と家庭裁判所から選ばれた特別代理人の２名となります。

ちなみに、特別代理人は、任意後見契約を締結するためだけに選任されます。任意後見契約の締結が済めば、業務が終了します。

また、特別代理人選任の申立ての場合、法定後見人選任の申立ての場合と違い、家庭裁判所も家族の方で選んだ候補者をそのまま正式に選任するのが一般的です。

以上の手続きにより、両親それぞれが任意後見の受任者になる準備をしておけば、お子さんが成人年齢に達した後、必要に応じて親が確実に任意後見人になることができます。

第5章

相続税の計算方法と節税事例

相続税の計算方法

相続税は財産を相続した人が払う税金をいいます。相続税は相続する財産の額によって変わり、受け取る額によって変わります。

相続税の申告・納付は、相続があったことを知った日の翌日から10ヶ月以内に被相続人死亡時の住所地を管轄する税務署に申告し納付する必要があります。

相続金額の相場

相続する金額が数億円に達する事例はあまり多くはありません。実際、2020年MUFG資産形成研究所が行った「退職前後世代が経験した資産承継に関する実態調査（対象者：相続経験者50代・60代／各都道府県の家計資産額以上保有／5838名）」によると、相続した財産額の平均は3273万円、中央値は1600万円でした。

つまり、被相続人が相続人に残せる財産というのは、意外と少ないものなのです。ということは、その少ない金額を巡って、少しでも自分が多く受け取れるように複数の相続人の間でもめることは少なくありません。円満に相続できなくなってしまいます。

相続税の計算方法

相続税の計算方法には、まず相続対策として「まず何をしたらよいのか」の段階でしていただいたことが役立ちます。

STEP1 すべての財産を把握する

預金・株・不動産などの財産に加え、みなし相続財産（亡くなったことで相続人が受け取ることになる保険金や退職金など）を含めて棚卸しします。

STEP2 相続開始前3年以内の贈与金額を加える

贈与税の基礎控除110万円の枠内の金額であったとしても、相続開始前3年以内の贈与は相続財産とみなされ、相続税の課税対象となるためSTEP1に加えます。なお、この加算は、相続で財産を受け取った人が対象です。

STEP3 マイナスの財産・非課税財産を差し引く

債務や葬儀費用はマイナスの財産として差し引きます。

STEP4 基礎控除額を差し引く

基礎控除額＝3000万円＋（600万円×法定相続人の数）

【例】相続財産1億円、相続人は配偶者と子2名の計3名

STEP1から3の計算をした結果が1億円です。

［基礎控除額］

1億円－3000万円－（600万円×3人）＝5200万円

課税対象額は5200万円。法定相続分は配偶者は【1／2】、子は【1／4】ずつとなります。

［相続税額］

■配偶者：5200万円×1／2＝2600万円

2600万円×15％－50万円＝340万円

■子ども各々：5200万円×1／4＝1300万円ずつ

1300万円×15％－50万円＝145万円ずつ

※以下の表に当てはめて計算すると、取得金額1300万円は3000万円以下に該当するため、税率は15%で、控除額は50万円となります。

■納付税額

納付税額は、家族の相続税額の合計額630万円を基に「実際にもらう財産の割合」で配分して計算します。

配偶者が0%、子が100%相続する場合、子の納税額は630万円。

配偶者と子が50%相続する場合、配偶者は納税なし、子の納税額は315万円。

配偶者が100%、子が0%相続の場合は、配偶者も子も納税しない。

法定相続分に応ずる取得金額	税率	控除額
1000万円以下	10%	
3000万円以下	15%	50万円
5000万円以下	20%	200万円
1億円以下	30%	700万円
2億円以下	40%	1700万円
3億円以下	45%	2700万円
6億円以下	50%	4200万円
6億円超	55%	7200万円

節税がえんまん相続につながる

たとえば相続できる金額が先の調査結果の中央値である1600万円だとしてもそれを増やすことはできません。ただ、「節税」によってできる限り相続できる金額を増やし、円満相続へつながる道を探ってみることをお勧めします。

節税を試みれば、相続人である子どもたちは「私たちのことを考えて、手を尽くしてくれたんだよね」ということをわかったうえで遺産についての協議を進めることでしょう。

そうすれば、大事な遺産を「争族」にして家族や親族の関係性を壊すこともないでしょう。

「節税」の方法は多数ありますが、そのうち代表的なものをご紹介します。ぜひ、検討してみてください。

●節税のやり方（1）生前贈与

生前贈与とは、「生存している個人」から別の個人に財産を無償で渡すことです。亡くなる前に財産を相続人に贈与することによって、いざ亡くなって相続が発生したときに、相続税の課税対象となる財産を減らすことができます。

例えば、高齢の男性で1億円を持っている人が亡くなったとします。その場合には、相続する1億円に対して相続税が課税されます。しかし、亡くなる前に、相続人である男性の息子に3000万円を渡しておけば、男性の財産は7000万円になります。すると、相続税は7千万円に対して相続税が課税されます。

ただし、「生前贈与」をすると贈与税が課税されます。相続税を減らすために生前贈与をしたにもかかわらず、多額の贈与税が課税されてしまい結果的には生前贈与しなかったほうが良かったということもあります。

生前贈与の際の注意点

●証拠を残す

税務調査の際、生前贈与を税務署に否認されてしまう場合があります。たとえば、子どもに手渡しで現金を渡した場合、生前贈与を税務署に否認されてしまい、生前贈与がなかったこととみなされてしまいます。なぜかというと、手渡しでは生前贈与の証拠がないからです。

そうすると、先の例であれば贈与分である3000万円も被相続人の相続財産に含めて相続税を計算することになります。こうならないために、証拠が残るよう銀行振り込みにすることが大事です。

また、贈与の際に「贈与契約書」を作成するといいでしょう。「贈与契約書」は無償で金銭等を渡すときに作成する契約書で、生前贈与を立証することができます。

なお、孫に生前贈与するために孫の名前で銀行口座を作成し、自ら管理しているのにその口座にお金を振り込む方がいらっしゃいますが、この場合、生前贈与は成立しません。孫に贈与する際は孫が普段使っている口座にお金を振り込むようにし、孫が贈与を認識している必要があります。

●一定額を毎年贈与しない

1年間の贈与額が110万円以下であれば贈与税がかからないので、毎年110万円以下を贈与する人がいます。しかし、毎年同じ金額を贈与し続けると、年間の贈与額が110万円以下であっても、「定額贈与」とみなされて、場合によっては贈与税が課税されてしまう場合があります。

たとえば、100万円を5年(回)にわたり贈与し続け、500万円を贈与したとします。これは毎年一定の金額を贈与することが決まっている贈与になり、「定期贈与」になります。

定期贈与の場合、取り決めを行った年に「贈与額の合計額」に対して贈与税が課税されます。たとえば「2010年を第1回目として、2015年まで毎年100万円を5年間にわたって贈与する」と決めた場合、つまり「定期贈与」を決めた場合は2010年に1000万円の定期金に関する権利を贈与したとして、贈与税が課税されます。

●死亡前3年以内の贈与は避ける

死亡前3年以内に故人が相続人に生前贈与をしていた場合、その期間の贈与額を、相続人の相続財産に含めて相続税を計算しますが、これは「生前贈与加算」というものです。

つまり、重篤な病気が宣告されて余命が短いことがわかってから慌てて贈与しても、すぐに亡くなってしまった場合には、贈与分に相続税が課税されます（令和4年12月の税制改正大綱にて令和6年から令和13年にかけて段階的に7年加算する方向に改正されると予想されています）。

●節税のやり方（2）賃貸アパート

更地を所有している場合で、十分な現預金がある場合には更地のまま相続するのではなく更地の上に賃貸アパートを建築すると相続税を節税できます。

それは、賃貸アパートは現金に比べて評価額が低いからです。ちなみに、賃貸アパートの建物の相続税評価額は固定資産税評価額をそのまま使います。固定資産税評価額は取得金額の約60％なので、賃貸アパートを1億円で建築した場合には固定資産税評価額も相続税評価額も約６０００万円となります。そして、賃貸アパートを所有すれば「借家権」と「借地権」の分を減額することができます。

賃貸アパートを借りている人の権利を「借家権」といいます。借家権割合は一律建物の評価額の30％と定められており、その分を建物の評価額から差し引くことができます。

また、賃貸アパートが建っている土地を「貸家建付地（かしやたてつけち）」と呼びます。貸家建

〈例〉更地にアパートでいくら節税できる？

【1】前提

相続税評価額5000万円の更地に現金5000万円で賃貸アパートを建築

【2】建物部分の相続税評価額

計算式：

建物の固定資産税評価額×(1－借家権割合×賃貸割合)

※それぞれ、以下の数値と仮定します。
建物の固定資産税評価額：60%（0.6）
借家権割合：30%（0.3）
賃貸割合：100%（1）

(5000万円×0.6)×(1－0.3×1)＝2100万円

5000万円－2100万円＝2900万円

↑ 圧縮できた相続税評価額

【3】土地部分の相続税評価額

計算式：

更地の相続税評価額×
(1－借地権割合×借家権割合×賃貸割合)

※それぞれ、以下の数値と仮定します。
更地の固定資産税評価額：60%（0.6）
借地権割合：60%（0.6）
借家権割合：30%（0.3）
賃貸割合：100%（1）

5000万円×(1－0.6×0.3×1)＝4,100万円

5000万円－4100万円＝900万円

↑ 圧縮できた相続税評価額

【4】合計の圧縮額

2900万円＋900万円＝3800万円
（建物部分）（土地部分）

付地を評価する際には「借地権割合×借家権割合」を土地の評価額から差し引くことができます。

さらに、小規模宅地等の特例を適用できます。小規模宅地等の特例とは、一定の要件を満たすと「土地の評価額を最大80％減額することができる制度」です。

賃貸アパートを建てる際の注意点

●空室では賃料が得られない

当然ですが、アパートを建てても空室がある場合はその分だけ収入がありません。アパートを建築する前にそのエリアの賃借にニーズがあるのかを調べることはもちろん、建築後に入居を促すよう不動産会社に相談するなどの手立てが必要になります。

●維持費や修繕費がかかる

言うまでもありませんが、家屋は経年劣化します。居住用の機器の故障・取り換えや、たとえばアパートの外壁の破損や汚損は、入居者を募集するときにマイナスになるため修繕が必要です。収支計画に修繕費も含めて考えるとよいでしょう。

●万が一売却するときに時間がかかる

もしも急にお金が必要となり賃貸アパートを売ろうとしても、すぐに売却するのは難しいでしょう。

仮に買主が現れたとしても、納得のいく金額で売れるとは限りません。

●節税のやり方（3）子に生命保険をかける

子に生命保険をかけ、その保険料を親が支払っているとします。支払っている親が亡くなり、子が相続する場合、生命保険の相続税評価額は「解約返戻金の金額」となります。この解約返戻金の金額は支払った保険料の額に応じて増加します。

生命保険の中には加入初期は解約返戻金が低く抑えられているものの、後で解約返戻金の金額が上がる商品があります。こうした商品を孫や子どもにかけ、解約返戻金の金額が低いうちに相続させることで相続税を節税することができます。

〈例〉

【1】前提

・月額保険料1万円、年間保険料12万円
・1年目～9年目の解約返戻金は0円（＝9年間は発生しない）
・10年目の解約返戻金は120万円

【2】事例1…2年目で亡くなり以後8年間、子が支払う場合

2年目で亡くなり、生命保険を子が相続します。2年目の解約返戻金は0円なので相続税はかかりません。その後、子は8年間で【合計96万円】支払い、10年を迎えると子が受け取れる解約返戻金は【120万円】となります。

【3】事例2…9年目で亡くなり、最後の1年は子が支払う場合

説明の都合で極端な前提となっていますが、この場合、9年目の解約返戻金は0円なので、前項の2年目に亡くなった場合と同じく相続税はかかりません。子は1年だけ支払うということは、【12万円】を支払って10年目を迎え、【120万円】を解約返戻金として受け取ることができます。

●節税のやり方（4）…生命保険金等の非課税枠

被相続人の死亡によって取得した生命保険金や損害

1年目から10年目までの計画

	年間保険料	累積保険料	解約返戻金
1年目	12万円	12万円	0万円
2年目	12万円	24万円	0万円

中略

	年間保険料	累積保険料	解約返戻金
9年目	12万円	108万円	0万円
10年目	12万円	120万円	120万円

保険金で、その保険料の全部または一部を被相続人が負担していたものは、相続税の課税対象となります。

「500万円 × 法定相続人の数」で算出された金額は非課税になり、その非課税限度額を超えた部分が相続税の課税対象です。

●節税のやり方（5）…お墓などの祭祀財産

墓地・墓石は相続税の非課税財産になります。ただし、生前に購入する場合と、相続後に購入するのでは、相続税額に大きな差が出ます。節税を見込むのであれば、生前に購入することが相続税の節税対策につながります。

墓地、墓碑、墓石などは、非課税財産として相続税の課税対象にはならないため、購入資金である現金を相続する場合に比べて課税対象額を抑えることができるので節税につながるのです。ちなみに東京都の平均価格は335万円にも上ります。

非課税になるものは例えば以下のようなものです。

・墓地・墓碑・墓石・庭内神し（ていないしんし）
・神棚・神体・神具・仏壇・仏具・位牌・仏像・仏具

なお、生前にお墓を購入する場合は、高額であってもローンではなく現金で購入してください。なぜなら、お墓をローンで購入し、完済前に亡くなった場合、そもそもお墓は非課税財産なので、ローンの残額は債務控除の対象にならないからです。

●節税のやり方（6）教育資金

例えば、1000万円を贈与した場合の贈与税は231万円、1500万円では450万円になります（基礎控除110万円を控除し、一般税率を適用）。ただ、「教育資金の一括贈与」という制度を利用すると、祖父母から孫への贈与が1500万円まで非課税になります。ちなみに、すでに生命保険の項で説明をしましたが、年間110万円を超える贈与を受けると贈与税がかかります。

この制度適用条件として、贈与を受けられる孫は30歳未満の人である必要があります。

・用途①「学校等に支払われる教育費」

最大1500万円まで非課税となります。ここに該当する「学校等」は幼稚園、小・中学校、高校、大学や、特別支援学校、高等専門学校、大学院、専修学校、認定こども園、保育所のほか、海外の学校や国内のインターナショナルスクールや外国人学校も含みます。

・用途②「学校等以外に支払われる教育費」

最大500万円が非課税となります。「学校等以外」とは、教育を受けるために支払われるもので、学習塾の月謝、スポーツや文化・芸術のレッスン料、またこれらの活動に必要な物品の購入費も当てはまります。

ちなみに、「教育資金贈与の特例」は2013～2019年3月31日までの期限付きでスタートした後、2年延長され、2021年3月31日までとなりました。その後さらに延長を繰り返し、令和8年3月31日までとなりました。

●節税のやり方（7）小規模宅地等の特例

小規模宅地等の特例とは一定の要件を満たすと土地の相続税評価額を最大80%減額できる制度です。小規模宅地等の特例の対象となる土地は、特定居住用宅地等・特定同族会社事業用・特定事業用宅地等・貸付事業用宅地等の4種類です。これらの特例を適用するためには、「申告期限まで保有し、事業も引き継いでいる（居住している）こと」が必要です。

●特定居住用宅地等

被相続人の自宅だった建物が立っている敷地などで、一定の要件を満たす小規模宅地を配偶者や親族が相続した場合、330㎡（約100坪）までの部分については、課税価格がなんと20%に引き下げられます。言い換えると、約100坪までの自宅の敷地は、小規模宅地等が適用されれば評価を80%も割り引かれることになります。

ただし、特定居住用宅地等の適用要件は、相続人のうち誰が自宅を相続するかによって異なります。

●特定同族会社事業用宅地等

被相続人や同族関係者が50％保有していた会社の敷地を親族が相続などで取得し、一定の要件を満たした場合、敷地の４００㎡までの部分について課税が80％も減額されます。ただし、賃料を被相続人に支払っていることが条件です。

●特定事業用宅地等

相続開始直前に被相続人が事業を行っていた建物や構築物の敷地を親族が相続などで取得した場合は、敷地の４００㎡までの部分について課税価格が20％に引き下げられます。ただし、その事業を引き継ぐことなどが前提となります。また、減価償却資産の価格が土地価格の15％以上である場合が適用です。ただし、相続開始前3年以内に新たに事業用に供された宅地等は原則として特定事業用宅地等から除かれます。

●貸付事業用宅地等

相続開始直前に貸付事業用に利用されている土地のことです。具体的には、アパート・マンションといった不動産貸付業、駐車場業、自転車駐車場等のことをいいます。

敷地の200㎡までの部分について、課税価格が50％に引き下げられます。
ただし、特定事業用宅地等の場合と同様に相続開始前3年以内に新たに貸付事業用に供された宅地等は原則として貸付事業用宅地等には該当しません。

●節税のやり方（8）不要な不動産の処分

ほとんど使っていなくて、処分してもかまわない別荘や活用していない農地や山林などは、不要な不動産を手放すことで相続税を節税することができます。

別荘も当てはまりますが、特に農地や山林など、代々相続していく人も多くいます。「先祖の土地だから」という意識が根強く残された地域もあるからでしょう。しかし、管理が大変等の理由から、名義変更もなくそのまま放棄されてしまった結果、所有者不明の土地が増え続けています。

実は現在、所有者不明の土地は九州地方の土地面積程度もあるそうです（※日本の国土面積の約10％）。そのため、「相続土地国庫帰属法」という制度ができました。これは、一定の条件のもと不要な不動産を国が引き取る制度です。

ここまで、相続税の節税方法を紹介してきました。いずれも、何か不正なことをするわけではなく、制度に則って被相続者の財産を、できるだけ多く相続人に渡す方法です。結果として相続税を減らすことは、相続人同士での争いが減ることにつながりますので、ぜひ検討してみてください。

第 6 章

えんまん相続のために準備すること

えんまん相続のために今からできることは？

具体的に何歳から相続について考え始めるとよいのか、それは非常に難しい質問です。なぜならば、人はいつ亡くなるのかわからないことと、いったいどのような財産を保有し債務を負って死を迎えるのかはわからないからです。ただ、コロナウイルスの蔓延を受けて、世の中が一瞬で変わってしまう、しかも人の命が奪われてしまうという経験をした以上、私たちは前よりもリアルに、「万が一のときに」備えるだけの心の耐性ができているのではないかと思います。

「認知症」「亡くなること」を考えてみる

皆さんはどのくらいご家族と連絡をとっていらっしゃいますか。別々に家庭を築けば親子の関係は同居していた頃とは変わります。また、コロナウイルスが流行し盆暮れやゴールデンウィークに帰省していたご家族も、帰省の頻度が減ったと言う方も少なくないでしょう。地方の親御さんになかなかお会いしにくいというお話も多数お聞きします。最近では、都心部で暮らす若者の収入が十分ではなく、1回で10万円もかかる帰省はなかなかできるものではありません。

第4章で詳しくご紹介しましたが、「認知症」になれば正常な判断ができないとみなされ、各種契約などの意思決定ができなくなります。その人が亡くなってしまえば、自分の意思はもちろん、家族に伝えることはできません。

もちろん、健康である皆さんに、認知症や死を考えることに抵抗があることはよくわかります。だからこそ、おひとりで悩んだりもしくはご家族だけで悩んだり言い争ったりするのではなく、専門家と一緒に相続のことを考えてほしいのです。

一人で相続対策をすると、現実ではない、しかも想像したくない「ご自身、ご家族が認知症・亡くなる」で思考がストップしてしまい、より突っ込んで考えることができなくなってしまいます。

現実感がなく、しかも複雑に思える相続に関して、専門家と話すことでご自身やご家族だけでは見えなかった解決策や見落としてしまった問題にも気づける可能性があります。

これは実際にあったケースなのですが、ご相談者様の親御さんの外出がめっきり減り、日々の所作や言動から認知症を疑っていた方がいました。私はその方と、親御さんの相続対策を考えていたのですが、コロナ禍でお会いすることができなくなってしまいました。ところが、その間に一気に認知症が進んでしまい、結局必要な対策が打てなかったということもありました。

対策は今すぐ、目安は両親70歳まで

今の当たり前が明日、突然当たり前でなくなることを多くの人がコロナ禍でつきつけられたと思い

ます。「相続対策を考え始めるのは、何歳からが最適でしょうか」と問われたら、「そう思ったのなら、今日から始めましょう」とお勧めしています。

とはいえ、それではあまりに急な話ですから、「目安として両親が70歳になるまでには」とお伝えしています。ただし、これはあくまで目安であって、ご家庭によって違ってくると思います。若くして病気を患ってしまう場合、離婚をしている場合など、複雑な事情や各家庭固有のものがあるからです。

早ければ早いに越したことはありません。いや、この本を手に取ってくださったなら今日から始めてください！　と声を大にして言いたいと思います。

それは、私のもとに相談に来られる方の多くはすでに相続が、「争族」になりかけている、もしくはなっている方が多いからです。

その状態でできることはかなり限られてきますし、結局のところ「揉めてしまったものを治める」しかありません。相続対策は「相続対策しようかな〜」と漠然と思うよりもあちこちに火種ができ、もしくは燃え上って「相続対策しなきゃ!!」になることがほとんどなのです。そんな対症療法の相続対策では火消しがやっとで、本来の希望や夢を叶えることが難しくなってしまいます。

相続対策はメンテナンスも大事

さて、相続対策をしなければならないと気づいて、専門家に相談して相続対策を一度はしてみた。

でも、一度したら、変えられないものではありません。

むしろ、たとえば不動産の価格が刻々と変わるように、ご家族皆さんが元気なうちから、いつかくる「資産を継承する日」を見越して、現状の把握と、相続によって叶えたい未来のためにその時点のベストな対策を講じておくこと。そこからは「定期点検」と「メンテナンス」をしていけばいいのです。

年齢を重ねるごとに、できることが少なくなってくるのは身体能力だけではありません。相続対策においてもできることは加齢とともに減ってくる傾向にあります。

最悪のケースは、当のご本人が何も対策をせずに亡くなってしまえば遺されたご家族に憂いを遺すことになります。その憂いから、必要な手続きがわからない、物のありかがわからないなど、手間の多さに怒りがわいてくることもあります。

お金の問題が絡むと人は簡単に変わります。相手への思いやりや愛情が憎しみになった途端に、人は突然打算的になり、損得で動くようになることもあります。

仮に今、相続対策を始めてみてあっさりとご家族皆が納得する結果に落ち着くかもしれません。それならそれで、漏れがないか、つまり被相続人の意思が実現できるかどうか、専門家も交えて定期検診を続けていただきたいと思います。早く始めて早めに「問題がある」現状に気づけたら今できる最善の方法で対処することもできるでしょう。

現在特に問題がなくとも、ご自身やご家族の相続の準備を始めると、親御さんでしたり、ご本人が亡くなることが前提となります。そんなこと考えたくないと思われる方も多いでしょう。ただ、死に向き合うことで、ご家族や人生に改めて向き合うきっかけになり、皆元気で大きな問題もなく当たり前に暮らせることがどんなに有難いことなのかにも気づくことができると思います。

「1次相続時」に「2次相続時」も考慮した対策を！

相続対策を早急に始めた方が良い方は、配偶者を亡くされていらっしゃる方（1次相続を済まされた方）です。

なぜかと言うと、配偶者が亡くなられたときは、相続税の「配偶者控除」を使えば

■1億6000万円

■配偶者の法定相続分内相当額

のどちらか多い金額まで相続税が発生しません。たとえば【配偶者と子】という家族構成で、相続財産が10億円あったとしても配偶者の法定相続分は1/2なので、配偶者が5億円までの相続であれば相続税が発生しないのです。そうなると、多くの場合、亡くなられた方の配偶者がいるときはその方がほとんどを相続する場合が多いと思います。

このような制度上の優遇という理由だけではありません。子どもの立場からすると、一次相続では、

「亡くなったのも親、相続を受けたのも親」なのです。例えばお父様が亡くなってお父様のご遺志ではなく、お母様の意思で配分を決めたとしても、従うお子さんが多いでしょう。つまり、一次相続はまだ「親の代のこと」であることが多いのです。

これが二次相続になると相続は親の代から子の代に移ってきます。想像してください。兄弟姉妹は同じテーブルについています。お互いが、残された財産をいかにたくさん相続するべきかという権利を主張する可能性が高くなります。また同じ兄弟とは言え、生まれた時期も違えば受けた恩恵の感じ方も捉え方も違います。

それが二次相続をきっかけに噴き出すことは往々にしてあります。それと同時に配偶者控除はもう使えません。親御さんが配分を考えていたら、さらには事前にしっかり話し合いができていれば問題が起こるリスクは減るでしょう。

本来ならば、二次相続に備えて一次相続の時点で税制面なども含めて二次相続を見越した配分、揉めにくい配分をするようにご相談いただいた方が望ましいと言えます。つまり、一次相続の段階で、二次相続の段階で生じうる「争続」の火種を作らないことができるのです。

相続対策は何から始める？

相続対策はどこから手をつけていいかわからない、というお声は私のもとにもたくさん届きます。それでは、ここでどのような手順で進めるとよいか、見ていきましょう。

（1）財産の棚卸しをする

相続の対象となる財産にはどのようなものがあるのでしょうか。不動産や預貯金、株式などの有価証券は一般的で容易に想像がつくでしょう。著作権（一部）などの権利、自動車や家財、貴金属も相続財産に含まれます。

わかりやすく言うと、「金銭的価値があるもの」が財産とみなされます。ところが、財産とその所在を明確にしようと思うと、本人でも大変なことでしょう。本人でさえ大変なものを、ご家族に言わずに遺したら、ご家族が苦労するのは目に見えていると思います。

（2）想いを棚卸しする

棚卸しをした財産を誰に引き継いでほしいのかを整理します。ここではまずご自身の「想い」を大切にされてください。「相続」は亡くなって遺せる「想い」という、最後の財産です。残すものは不動産や現金かもしれませんが、それはあなたが苦労をして手に入れたはずのもので、単なる不動産、現金ではないはずです。それは、相続人にとっても同じことで、1000万円といっても、たとえば父親から相続する1000万円に特別な思い入れを抱く人もいることと思います。

多くの方が兄弟平等にと言われますが、金銭的な平等は、必ずしも「公平」とは言えないことは、これまでの事例でご理解いただけたかと思います。

ご自身が年を重ね、たとえば介護が必要になったときに、あなたは家族の誰に面倒をみてほしいのか、もし自宅がある場合は誰に自宅を継承してほしいのか、もしくは売却してもいいかなど、まずは「ご自身がどう思うのか」を書き出してみてください。

（3）法定相続人を確認する

法定相続人とは亡くなった人の相続人になる権利のある人のことをいいます。相続には法定相続人と法定相続分があります。例えば、ご夫婦とお子さん2人であれば、配偶者が1／2、お子さん2人で残りの1／2を半分にするので1／4ずつになります。ただ、このとおり分けなくても良いとされています。

その場合は上記の場合では配偶者の1／2の更に半分、お子さんたちの1／4の更に半分が「遺留分」といって、最低限相続できる取り分になります。相続で揉めるのは財産の分け方です。(2)に記載しましたが「分けたい」と思った内容に、最低限この「遺留分」を考慮しておく必要があります。

近年、相続の本や相続の情報がたくさん世の中に出てきています。自治体などでも無料の相続相談会や遺言書の書き方セミナーなど終活や相続に関わる情報が溢れています。

私のもとにご相談に来られる方でも、ひと昔前は相続対策をされていなかったお客様が多かったのですが、近年は「自己判断」した相続対策がもめごとのきっかけになられているお宅も少なくありません。取り返しのつかない事態になる前に、一度ご相談していただくことをお勧めします。

揉めない相続対策の絶対条件とは

相続対策しておかなければ…と思われた方の目的は何でしょうか。

「家族が揉めないこと、何が起きても仲良くいられること」ではないでしょうか。

そうすると、揉めない相続においての絶対条件は「家族で話し合うこと」です。そして、相続対策を切り出す難しさは、親御さん世代がお子さん世代に、お子さん世代が親御さん世代に伝える難しさだと思います。

家族だからこそ話し出しづらい

往々にして、家族の誰かが相続が心配になって対策をしようと言い出すと、他の家族は不信感を抱いてしまうものです。それは、相続の話をする＝死を連想させられるからです。また、家族の中で、「誰が、誰に話すのか」という場面によって、どのような感情が生じるのかも異なります。

●親御さんがお子さんに話すとき

わざわざ子どもに親の死を考えさせたくないという思いもあると思います。それは単に面倒だったり、今の生活が忙しかったり、「まだもう少し先に先送りしたい」という心理が強いと思います。子どもにとっても、自分の親がいずれ死ぬことはわかっていても、普通に暮らしている親が目の前からいなくなることを考えることは楽しいことであるはずはありません。互いに遠慮しあうようなことが多いでしょう。

●お子さんが親御さんに話すとき

歳を重ね、シニアの仲間入りをすると、健康が気になり、どんな人でも「死」が視界に入ってきます。そうはいっても突然自分の子どもから、「お父さんがもし死んだら…」と話しかけられたら、「俺が死ぬことを考えているのか」や「俺の財産をあてにしているのか」と不審に思うのはごく自然でしょう。自分では「死のこともちゃんと考えなきゃ」と思っていても、他人から口を挟まれると不愉快になるものです。

●ご兄弟が心配になって他のご兄弟に話すとき

兄弟同士だと年齢も近く、自分が「死」を考えているならば、兄弟も考えていることでしょう。「死」の話を持ち出したら、疑い深い相手なら「自分にとって有利な専門家を連れてきて丸め込まれるのでは?」と疑心暗鬼になられて、肝心な相続対策が進まないケースが多いと言えます。本来は円満な相続に向けて手を携えるべき兄弟です。反目しては、相続もうまく行きません。

いずれにしても、「相続＝死」、「相続＝カネ」というイメージがあまりに強いため、いずれもおおっぴらに語らない生死やカネの話題を家族同士でするには抵抗があるでしょう。

私のもとにも「相続のことを話したら、他の家族が疑心暗鬼になってしまった」と駆け込んで来られるケースが多くあります。もちろん、ご家族の誤解を解き、その先に展開することは可能です。ただ、専門家が入るよりもそれ以前の条件として、ご家族で話ができたら、相続対策もスムーズに進みます。そのためにどうしたらいいのでしょうか。

まずは「相続対策は相手のために存在する」のだとご家族にわかってもらう必要があります。相手の立場にたって話ができているのか、ここはとても大切です。そんな簡単なこと!?と思われるかもしれませんが、家族の誤解は「わかってくれるはず」という思い込みから起こります。

もし仮に自分のために対策をしてほしいがスタートだったとしても、自分が困るから何とかしてほしいではなく、相手のために対策が必要だとお伝えいただくことが大切です。

「自らの死」を考えることがすべての始まり

相続の話に「死」はつきまといます。ですので、ご自身の相続を考えるときには、「ご自身が亡くなること」を少なからずイメージしておいて、お子さんから切り出されてもしっかり耳を傾けられるようにしてください。

お子さんから「お父さんが亡くなったら…」と切り出された親御さんのお気持ちを考えたことがありますか？　他の人に言われる場合ではなくても、自分が死ぬときのことを考えるのは、あまりいい気分はしないと思います。もし、子どもから突然自分の死について話そう、と言われたら、嫌な気持ちになったり、怒ったりすると思いませんか？

しかしお子さんと相続の話は不可避です。そのためにはまず「ご自身が亡くなったら」を考えられると良いと思います。言葉にすると簡単ですが、ご自身の死をイメージすることがたやすいことではないと気づいていただけると思います。

私が現場で話をお聞きする中でも「相続＝死」というイメージをお持ちの方は大変多いように思います。実際相続が起こるのは「亡くなった」ときですので、そのイメージがまず浮かぶのは当然かと思います。私も自分の遺言書を書くときに、自分の死について考えさせられました。

それと同時に、私が生きてきた軌跡を振り返り、自分にとっては人生の定期点検になりました。相続で遺したいのは金銭的価値がある財産だけではなく、家族に遺したい思いも含まれます。人が一人生まれて亡くなることは文字に書くとこれだけですが、その中には数々の試練を乗り越えてきたこと、嬉しかったこと、辛かったこと、全てその人が紡いできた歴史があり、そこには「思い」があります。遺す人の思いを知り、その思いを後世に受け継いでいくことも、相続では大切なことになります。

「争族」になってしまったご家庭の多くは、思いのすれ違いで溝が大きくなり、引き返せなくなってしまうご家庭です。この思いというのは言葉ひとつで伝わるものではありません。ご家族が元気なうちにしかできない対策ももちろんありますが、一番はお互いの思いを知り、家族としての絆を再確認することが、ご両親にとっては余生を楽しく幸せに生きる糧になりますし、遺されたご家族にとっては感謝で親御さんを見送ることができる可能性を高めてくれます。

ご自身が自分の死を真剣に考えたあとは、まず、家族の紡いできた歴史や関係について話してみることから始めてみませんか？　自分の名前の由来や、記憶が曖昧な幼少期のこと、自分が生まれる前のご両親のこと……そんなことから、今家族があることが当たり前ではないことに気づき、自分がいなくなった後の家族の未来を考えるきっかけになる、これこそえんまん相続を迎えるきっかけになると思います。

おわりに

私は「相続専門」の司法書士としてこの10年間働いてきました。本書でご紹介したのはそんな中で経験した相続の問題のごく一部にすぎません。

多くの「争族」の現場では「もっと早く相談してくれたら」「問題になる前に相談してくれたら」と思うことばかりです。争族になるのはもともと不仲な家族関係ばかりではありません。

仲の良いご家族が、相続をきっかけに争族になってしまう……亡くなった方が望んだ家族の未来は争族なのでしょうか。生前に「相続」を家族皆で考えていたら……防げたご家族がたくさんいらっしゃいます。

家族には多くの試練が訪れます。

今日までの人生、平坦な道ばかりではなかったと思います。家族で協力して、時には泣いたり、怒ってぶつかったりしながら乗り越えて来たのではないでしょうか。

相続も家族に訪れる試練の一つです。相続では、法務や税務、介護や葬儀、公の機関とのやりとりなどが複合的に絡み合い、普段は関わることがない知識や経験が必要になります。これに普段関わらない皆さんが突発的に対応するのは大変な労力と時間がかかります。

法律の相談というと、すでにトラブルになっている、揉めている状態を想像される方が多いと思います。実際そのような状態になられてからご相談にこられる方や、いざ相続が発生し、応急処置的に相続手続きのサポートをご依頼される方も多くいらっしゃいます。

どちらにも、もちろん対応は可能ですが、私は気づいたらいつもそばにいていつでも気軽に相談できる、身近な法律の専門家として皆さんの人生に寄り添い、皆さんが、そしてご家族が叶えたい未来をサポートさせていただきたいと強く思っています。

厚生労働省が発表した２０２２年の人口動態調査の速報では、出生数が戦後初、80万人割れの79万９７２８人、一方、亡くなった方は１５８万２０３３人で過去最多とのことです。これはコロナ禍で婚姻数が減ったことが出生数を引き下げたと言われていますが、80万人を割り込むのは予想より８年も速いペースなのだそうです。

日本はこれからさらに誰も経験したことがないほどに高齢化が進み、人口が減っていくことにもはや歯止めがかかりません。しかし私たちはそんな未来をただ、指をくわえてみているだけで良いのでしょうか。

人口が減っていく中で私たちがこの美しい日本を後世に遺すためには、仲の良い家族は後世でも仲良く、そして争族になってしまった家族さえも、えんまん相続になるように努めることが、人口が減っても美しい日本の文化や歴史を遺す大きな力になると思ってやみません。

皆さんのご家族が笑顔が絶えないご家族でいられますように、子々孫々、続きますように、そしてこの美しい日本を子どもたち、そしてその先の世代に遺せますように、微力ながら、私もその一助になれるよう邁進して参ります。

この本を出版するにあたり、お力を賜りました皆さま、そして大切な私のお客様に心から感謝いたします。

司法書士　上木拓郎

上木拓郎

1980年栃木県生まれ、一橋大学社会学部卒業。

高校時代、映画監督になることを目指すが、大学時代に街の法律家として一般市民の支援をしていきたいと思い、法律の道へ。2009年司法書士試験に合格し、2010年に独立開業。2012年から、一般市民や金融機関、士業、相続コンサルタント向けに毎年20件以上相続や家族信託のセミナーを実施。また、毎年300件以上の相続相談を対応中。2021年、「親亡き後も、子や孫世代が円満な親族付き合いを続ける」社会の実現のため、司法書士法人及び行政書士法人を設立。今後、全国にオフィスを展開し、日本全国の争族問題を解決していく。

生前から始める「えんまん相続」のすすめ

2023年10月1日　初版第1刷発行

著者／上木拓郎

印刷所／株式会社クリード

監修／アンド・ワン司法書士法人
　　　アンド・ワン行政書士法人
　　　〒104-0061 東京都中央区銀座1丁目20番14号
　　　KDX銀座一丁目ビル 1階
　　　TEL 03-6264-7045（8:00～23:00／不定休）
　　　https://andone-ueki.jp/

発行・発売／株式会社ビーパブリッシング
　　　〒154-0005 東京都世田谷区三宿2-17-12　tel 080-8120-3434

ISBN 978-4-910837-21-5　C2033